사랑을 담아
당신에게 드립니다.

_____ 님께

만나와 메추라기
MANNA AND QUAIL

듣고 싶은 말, 들려주고 싶은 이야기

| 김진현 지음 |

감사의 글

무더운 여름날엔 그늘같이 시원하며 추운 겨울엔 양지같이 따뜻한 좋은 사람들, 나 하나 힘들어도 가족과 이웃에게 축복을 전해 주고자 힘쓰고 애쓰는 우리 이웃들, 그런 분들에게 위로와 격려를 드리고자 이 글을 쓰기 시작하였습니다. 매일매일 조금씩 써서 카카오그룹에 올린 글들이 편집되어 책이 되었습니다.

댓글 부대 여러분, 감사합니다. 이 책이 나오기까지 편집으로 수고하신 박상민 목사님께 감사드립니다. 어려운 출판 환경에도 불구하고 본서의 출간을 결정해 주신 은혜출판사 사장님과 직원분들께 감사드립니다. 특히 이 글들이 세상에 나가서 일할 수 있는 공간을 만들어 주신 한국의 자랑 카카오 관계자 분들께 감사드립니다.

세상이 어디로 흘러가든 우리가 바라는 세상은 눈물 없는 세상!

눈물을 말리는 바람과 같은 당신은 이미 위대한 사람입니다.

아픔을 녹이는 당신은 이미 세상의 영웅입니다.

괴롬을 달래는 당신은 이미 세상의 거인입니다.

처자식을 세파에서 지키는 당신은 이미 충분히 아름답습니다.

당신을 존경합니다.

험한 세상에서 용기를 잃지 않는 당신을……!

짧은 추천의 글

::: 상식과 유머 그리고 놓칠 수 없는 포인트를 갖춘 본서는 바쁜 일상에 큰 즐거움입니다.
― 김국세

::: 반복되는 지친 일상에 소망과 기쁨이 되어준 저의 소중한 친구입니다.
― 김영실

::: 길을 잃고 홀로 있다고 느껴질 때마다 저에게 나침판이 되었습니다.
― 김택근

::: 철학과 문학, 시사와 교양, 위트와 재치. 부족할 것 없이 풍성합니다.
― 박성연

::: 하루를 견디는 힘이요, 힘든 세상에서 싸울 수 있는 용기와 무장입니다.
― 이연두

::: 매일매일 아이들을 사랑으로 대할 수 있는 힘이 되었습니다. 멀리 고향에 계신 부모님과 친척, 친구들도 기다리네요.
― 비치나

::: 감탄과 노래가 나오게 합니다. 출근길을 힘차게 달리게 하네요!
- 강세용

::: 마지막 외치는 "얍!"에 저도 모르게 두 주먹 불끈 쥐게 됩니다.
- 박지혜

::: 아기 새처럼 매일 바라보게 되네요.
- 김현정

::: 재미와 중독성까지…… 매력적입니다.
- 김형식

::: 하루라도 보지 못하면 불평이 생깁니다.
- 장현덕

::: 저에게 세상 돌아가는 귀한 정보와 상식이 됩니다.
- 김희경

::: "아하!"가 그치지 않네요.
- 김창엽

::: 인생의 지표요, 마르지 않는 샘입니다.
- 장혜경

차례

감사의 글 · 5
짧은 추천의 글 · 6

01 용기와 유머 · 12
02 누구와 동행하십니까? · 14
03 우울하십니까? · 16
04 분노의 유통기한 · 18
05 며칠만 더 참을 걸 · 20
06 대기 오염 중에서 · 22
07 어디서나 적응할 수 있습니다! · 24
08 사람을 살게 하는 '의미' · 26
09 당신의 위로는 어디에 · 28
10 가르침 이전에 경청을! · 30
11 절제의 건강학 · 32
12 시간과 호의 · 34
13 빚쟁이는 죽지 않는다! · 36
14 당신의 복원력은 어디에? · 38
15 항상 꽃피는 인생으로 살려면 · 40
16 선포의 힘 · 42
17 일하기 싫은 날 · 44
18 성공은 고민으로 시작됩니다 · 46
19 마음 넓히기 · 48
20 한 가지에 집중하는 마음 · 50
21 바쁘게 사십니까? · 52
22 당신의 의지는? · 54
23 시간의 역습 · 56
24 감정, 다스릴 수 있을까요? · 58
25 원칙이 다는 아니야! · 60
26 비운 속에 핀 소망 · 62
27 가장 듣기 싫은 말 · 64
28 남의 시선을 의식하지 마십시오 · 66
29 작은 소원 · 68
30 깊은 상처 · 70
31 머리카락아 가지마! · 72
32 보이는 것 너머에 · 74
33 의인과 악인의 차이 · 76
34 선물이 된 나의 아픔 · 78
35 자녀 공경 · 80
36 예측은 금물 · 82
37 자아도취 · 84
38 치유의 소망 · 86
39 자유의 힘 · 88
40 열일하기 · 90

41 급할수록 천천히 · 92
42 1%의 저주 · 94
43 자녀에게 거룩한 영향을… · 96
44 삭풍입니까? 춘풍입니까? · 98
45 인간의 운명은 누구의 손에 · 100
46 실수! 누구나 한다 · 102
47 옛사람 벗어 버리기 · 104
48 의무와 책임 · 106
49 웃으세요 · 108
50 보이지 않는 도움의 손길 · 110
51 삶과 죽음에서 · 112
52 Stop Drinking · 114
53 엔진을 끄세요, 제발! · 116
54 문제 뛰어넘기 · 118
55 대화 상대가 중요하다 · 120
56 성실의 열매 · 122
57 인생은 끈기다! · 124
58 태양의 권세 · 126
59 믿음의 망원경 · 128
60 일기예보 · 130
61 삶의 원동력 스트레스 · 132
62 과거에 얽매이지 마세요 · 134
63 무식이 용감 · 136
64 하나님의 시선이 머무는 곳 · 138
65 화평과 형통 · 140
66 사악한 말에 끌리십니까? · 142
67 빛과 소금의 삶 · 144
68 삶의 활력소 · 146
69 고뇌의 뿌리 · 148
70 심장 이전하기 · 150
71 걱정… 걱정… 걱정 · 152
72 넓은 마음 · 154
73 실수의 대가 · 156
74 아름다운 유언 · 158
75 기도 시대 · 160
76 착해 보이는 사람? 진짜 착한 사람! · 162
77 질투와 악성댓글 · 164
78 악과의 전쟁 · 166
79 웃음의 능력 · 168
80 기도는 우리의 힘 · 170

MANNA AND QUAIL

81 독서의 부유함으로 · 172
82 가까운 사람에게 지고 먼 사람에게 이겨라 · 174
83 잊히기를 원하십니까? 기억되기를 원하십니까? · 176
84 자기 감옥 · 178
85 세상은 돌아간다 · 180
86 우유부단 · 182
87 동업자 · 184
88 숨겨진 아름다움 · 186
89 우연은 없다 · 188
90 헬리콥터 맘 · 190
91 이 길이 아니라면 · 192
92 천재와 둔재의 차이 · 194
93 세상 일이란 게 · 196
94 세상을 이긴 믿음 · 198
95 버리는 삶 · 200
96 인생의 전쟁터 · 202
97 마음과 건강 · 204
98 선포의 힘 · 206
99 말의 능력 · 208
100 그 입 다물라! · 210

오늘이 우리에게 주는 의미 · 212

만나와 메추라기
MANNA AND QUAIL

1

용기와 유머

한 명사 초청 특강 프로그램에서 있었던 일이라는군요.

강의를 마친 후 질문을 하라는 사회자의 말에 질문하는 것을 싫어하는 우리나라 사람들이라 장내는 순간 얼어붙은 것과 같이 정적이 흘렀다는군요. 강사도 어색해 하는지라, 사회자가 멋쩍은 나머지 다시 한 번 질문할 것을 재촉하는 데 한 여성이 일어나서 질문을 하였습니다.

"당신이 지금까지 이룬 일도 대단한데 앞으로의 꿈과 비전을 알고 싶습니다. 그리고 삶의 방식도, 당신의 전화번호도 알고 싶습니다."

장내는 순간 폭소가 터져 나왔습니다. 결국 둘은 전화번호를 교환하였고, 교제하면서 연인으로 발전하였습니다. 수많은 사람들이 강사의 생각을 궁금해 하며 그에게 질문을 퍼붓기 시작하자 그가 이렇게 답변했다는군요.

"저에게 필요한 한 가지가 있다면 그것은 유머입니다. 이 정도의 유머 감각을 지닌 분이면 충분합니다."

> 의인의 입술은 기쁘게 할 것을 알거늘 악인의 입은 패역을 말하느니라 잠 10:32

누군가에게 기쁨을 주면 당신의 인생도 열리게 될 것입니다. 사람을 기쁘게 할 것을 아는 자가 의인입니다.

오늘도 주 안에서 기쁘게 하는 말로 승리하시기를. 얍!

2

누구와 동행하십니까?

최근 『감성지능 2.0』의 저자 트래비스 브래드베리(Travis Bradberry)의 이야기가 많은 교훈을 주고 있습니다.

이 책의 요지는 인간이 아무리 깨끗해도 오염된 환경 속으로 들어가면 치명상을 입는다는 것입니다. 그래서 치명상을 입지 않으려면 오염된 환경을 피하라고 말합니다. 특히 감성에 치명적인 유독가스형 인간(toxic people)을 피하라고 조언합니다.

유독가스형 인간의 특징은 "항상 부정적이며, 끊임없이 불평합니다. 나는 항상 피해자라고 이야기하며, 비난의 대상을 쉬지 않고 선별합니다. 늘 나만 옳고 나의 견해만 맞고, 내가 제일 똑똑하다는 어쭙잖은 자만심까지……."

멀리하라, 멀리하라, 멀리하라!

멀리하지 않으면 네가 죽는다……. 제발!

> 지혜로운 자와 동행하면 지혜를 얻고 미련한 자와 사귀면 해를 받느니라 잠 13:20

오늘도 지혜로운 자들과 동행하는 지혜로운 분들이 되시기를. 얍!

3

우울하십니까?

요즘 기쁨을 잃어버린 우울증 환자가 늘어나고 있습니다. 그것은 우리 삶에서 즐거워할 일들을 찾아보기 힘들어졌기 때문입니다.

우울증의 처방 중 하나로 햇살이 쏟아지는 곳을 산책하도록 권고하고 있습니다. 빛을 보면 마음에도 빛이 들어가 기분이 좋아지면서 병을 이긴다고 하지요. 결국 우울증은 삶에서 빛이 보이지 않아서 생기는 병인데, 역설적이게도 태양 빛으로 빛을 보충하라는 말입니다.

성경은 우리에게 '빛은 달다'고 말합니다. 그리고 '눈으로 빛을 보는 것을 아름답다'고 표현합니다. 사람의 눈은 무엇을 봐도

채워지지 않지만, 빛을 보는 것을 즐거워한다고 합니다. 빛을 보는 것은 눈에도 좋습니다.

> 빛은 실로 아름다운 것이라 눈으로 해를 보는 것이 즐거운 일이로다 전 11:7

보이지 않는 인생의 어둠.
태양 빛으로 보충하면서 오늘도 승리하시기를. 얍!

4

듣고 싶은 말, 들려주고 싶은 이야기

분노의 유통기한

우리가 식품을 사기 전에 거기서 반드시 확인하는 것이 있습니다. 바로 유통기한이지요. 유통기한이 지나면 사지 않지요. 왜냐하면 몸에 치명적이기 때문입니다.

그럼 우리 감정 중 성경이 말하는 분노의 유통기한은 얼마일까요? 바로 하루입니다.

> 해가 지도록 분을 품지 말고 엡 4:26

하루가 지나면 어떻게 될까요? 분노가 미움으로, 미움에서 폭력과 살인으로까지 이어집니다. 그럼 결과는? 참지 못한 분노로 인하여 혹독한 대가를 치르게 되지요.

그래서 성경은 '분노가 어리석은 자의 품에 머무른다' 고 합니다. 영어성경(NLT)에는 분노를 어리석은 자들의 친구라고 표현하고 있습니다(Anger is the friend of fools).

분노의 알을 품고 사는 삶에는 반드시 어려움이 발생합니다. 상처 준 사람은 아무렇지도 않은데 나 혼자 상처받고 거기에다가 어리석은 자가 되는 것은 너무 억울합니다. 털고 사세요. 훌훌 털어 버리세요. 자유인이 될 것입니다. 지혜로운 사람이 될 것입니다. 주님이 축복하실 것입니다.

> 노는 우매자의 품에 머무름이니라 전 7:9

God bless you.
오늘도 주 안에서 승리. 얍!

5

며칠만 더 참을 걸

 경위 승진을 앞둔 어느 경찰이 축하주를 마시고 가다가 음주운전 사고를 내는 바람에 한 계급 강등이 되었다는 기사를 보았습니다. 경위는 파출소장 정도 되는 자리인데, 보통 순경으로 경찰에 입문한 사람들이 가장 되고 싶어 하는 보직입니다.

 순경-경장-경사-경위(파출소장)-경감(지구대장)-경정-총경(경찰서장)-경무관-치안감-치안정감-치안총감(경찰청장)으로 이어지는 계급 서열은 많기도 하고 복잡하기도 합니다. 보통의 사람들은 순경으로 시작하고, 경찰대학을 졸업하면 경위부터, 고시 합격자들은 통상 경정부터 시작합니다.

 그런데 일반 순경으로 시작한 사람이 경위까지 가는 것은 쉽지 않은 터라, 진급 발표를 듣고 퍽 기분이 좋아서 취한 것 같습니다. 그러다가 결국 승진은 취소되고, 한 계급 강등되어 경장이 되었으니 두 계급 떨어진 셈입니다.

며칠만 더 참았다면…….

> 발이 급한 사람은 잘못 가느니라 잠 19:2

하루를 시작하는 시간. 들뜬 마음 가라앉히고 조용한 묵상으로 하루를 시작하시기를. 얍!

6

대기 오염 중에서

"아침마다 새롭고 늘 새로우니 주의 성실이 큼이라."

복음 성가 '주의 인자는 끝이 없고'의 가사입니다. 아침마다 새로운 은혜를 주시는 주를 찬양합니다.

과학자들은 지구에서 뿜어내는 자동차의 배기가스만 하더라도 지구의 생명체들이 얼마 살지 못하고 다 죽을 것이라고 합니다. 그러나 매일 아침 재어보는 산소의 양(23.14%)이 일정하다는 것이 참으로 신비합니다. 분명히 일산화탄소에 의한 산소 부족으로 대기권 아래의 산소가 줄어들어야 하는데 말입니다.

우리는 알지요. 하늘에 계신 우리 아버지, 전능하신 우리 하나님, 인류를 사랑하시는 아버지께서 산소를 공급하고 계시는 것을 말입니다.

분명 죄의 양이나 질로 봐서는 우리가 죽어야 하는데 오늘도 살아 있음은 우리의 모든 죄를 사하시는 주님의 은혜입니다.

> 이것들이 아침마다 새로우니 주의 성실하심이 크시도소이다 애 3:23

좋은 아침을 맞이하는 것.
주님의 은혜입니다.
오늘도 주의 은혜로 승리하시기를. 얍!

# 어디서나 적응할 수 있습니다!

유대인이라는 이유만으로 죽음의 수용소인 아우슈비츠에 끌려갔던 오스트리아의 정신과의 빅터 프랭클 박사.

그는 거기서 겪은 일들을 『죽음의 수용소에서 실존주의 철학으로』라는 책에서 비교적 상세하게 기록하고 있습니다.

하루아침에 정신과 의사에서 노동자로, 가장에서 포로로, 가운 입은 의사에서 수의를 입은 죄수로, 저택에서 수용소로, 위생에서 비위생으로, 웃음에서 눈물로, 빛에서 어둠으로 들어가게 되었습니다.

그러나 그가 거기서 체험한 기적은 "사람은 어디서나 적응을 할 수 있다"라는 단순한 진리였습니다. 양치질을 하지 않아도 치

아는 더 건강해지고, 매를 맞고 일할수록 더욱 건강해지는 것을 체험했다고 합니다. 수용소를 정신분석 연구소라고 생각하고 나니 마음이 편해지더라는군요.

바울도 말하지요. "나는 비천에 처할 줄도 알고 풍부에 처할 줄도 안다. 그리고 어떠한 형편에든지 자족하기를 배웠노라."

> 내게 능력 주시는 자 안에서 내가 모든 것을 할 수 있느니라 빌 4:13

위 말씀이 깊은 의미로 다가옵니다.
오늘도 어떤 형편과 상황에서도 승리하시기를. 얍!

8

사람을 살게 하는 '의미'

빅터 프랭클 박사는 죽음의 수용소에서 많은 일들을 겪었습니다. 독일군의 야만적인 행동을 보면서 많은 생각을 하였습니다. 때로는 모든 것을 포기하고 죽는 사람들이 부럽기까지 하였습니다. 하지만 그는 죽을 수가 없었습니다. 아내와 두 딸이 슬퍼할 것 같아서……

어느 날 갑자기 해방은 찾아왔고 그날부터 부지런히 그들을 찾았습니다만, 그들은 오래전에 처형되고 없었습니다.

그때 그는 깨닫습니다. 사람을 살게 하는 것은 '의미'라고 말입니다. 즉 "나의 존재가 누군가에게 의미가 된다면 인간은 살 수 있다. 그들은 가고 없지만 내가 살 수 있었던 것은 그들 때문이다"라는 것을 말입니다.

"인간을 살게 하는 것은 나의 아픔을 서러워할 한 사람만 있으면 된다"라는 것이 그가 깨달은 실존주의 철학의 전부입니다.

> 너의 하나님 여호와가 너의 가운데에 계시니 그는 구원을 베푸실 전능자이시라 그가 너로 말미암아 기쁨을 이기지 못하시며 너를 잠잠히 사랑하시며 너로 말미암아 즐거이 부르며 기뻐하시리라 하리라 습 3:17

우리는 하나님의 모든 것이고 의미입니다.
오늘도 주 안에서 의미 있게 사시기를. 얍!

9

당신의 위로는 어디에

구름이 태양을 가려도 태양이 있음을 믿습니다.
지금은 고통스러워도 내일은 웃을 줄 믿습니다.
하나님은 침묵하시지만 살아 계시는 줄 믿습니다.

빅터 프랭클 박사와 함께 수용소에 갇힌 포로들.
갑자기 찾아온 삶의 위기와 좌절, 그리고 어두운 밤, 죽음의 공포와 위기, 내일 무슨 일이 일어날지를 예측하는 것조차도 불가능한 상황.
한 사람이 유리 파편을 찾아 좁디좁은 수용소의 침상 천장에 위의 글귀들을 기록했습니다. 다른 죄수들도 나름대로 자기의 철학을 담은 글귀들을 기록하기 시작했습니다. 그리고 나중에 고백했습니다.

"극한의 상황에서 우리를 살린 것은 저 글자였다. 보고 또 보며, 참고 또 참아 결국 우리는 이겼다."

> 이 말씀은 나의 고난 중의 위로라 주의 말씀이 나를 살리셨기 때문이니이다 시 119:50

하나님 말씀은 고난 중 우리의 위로가 됩니다.
오늘도 하나님 말씀으로 힘을 얻으시기를. 얍!

10

가르침 이전에 경청을!

미국 역사상 최장수 부부가 나와서 연일 화제가 되고 있습니다. 바로 존 비타와 엔 비타 부부입니다. 결혼 기간만 무려 84년이라는군요. 남편의 나이는 104세이고 부인의 나이는 100세라고 합니다. 그들의 인터뷰가 실렸습니다. 부부 생활의 비결이 뭐냐는 질문에,

"배우자를 바꾸려고 들지 마세요. 그것은 미친 짓입니다. 그럴 수 있을 것이라 상상도 하지 마세요. 저는 아내를 사랑합니다. 그게 다입니다."

100세 이상의 부부도 없거니와 이 정도의 철학을 소유한 사람 역시 많지 않습니다.

유난히 남 가르치기를 좋아하는 우리나라 사람들이 경청해야 할 말입니다. 시어머니가 며느리를 가르칠수록 아들의 부부 생활은 망한다는 것과 아내가 남편을 가르칠수록 그 가정은 망한다는 것이 상담가들의 한결같은 견해입니다.

오늘도 다들 자유롭게 평안하게 사시기를 바랍니다. 주님의 은혜로 내게 주신 자유를 만끽하시기 바랍니다.

> 네 눈 속에서 들보를 빼어라 그 후에야 밝히 보고 형제의 눈 속에서 티를 빼리라 마 7:5

오늘도 내 눈에 들보를 살피는 하루가 되기를. 얍!

절제의 건강학

요즘 인터넷의 발달로 건강 상식들과 오해들이 급증하고 있습니다. 이것은 어디에 좋고 저것은 어디에 좋다는 설부터, 식후에 과일을 먹으면 장 안에서 썩는다는 근거 없는 잡설들도 많이 등장하고 있습니다.

오랜 시간 동안 사람의 인체에 대하여 연구해 온 유대인들이 내린 건강에 대한 결론은 무엇일까요? 바로 '식욕을 절제하는 것' 입니다. 즉, 욕망의 억제가 삶을 가장 편안하고 건강하게 만든다는 것입니다.

식욕을 절제하는 것이 신체 건강에 좋고

정욕을 절제하는 것이 노년 건강에 좋으며
보는 것을 절제함으로 영적 경건에 유익하고
듣는 것을 절제하는 것이 정신 건강에 좋다는 것입니다.
소유욕을 절제하는 것이 장수의 기본이라는 결론입니다.

너무 많이 보고 듣고 즐기려는 욕심이 만병과 죽음의 근원임을 눈치챈 것입니다. 너무 많은 것을 소유하려는 것이 결국 죽음의 길을 재촉한다는군요.

> 우리가 먹을 것과 입을 것이 있은즉 족한 줄로 알 것이니라 딤전 6:8

지족하는 가운데 우리의 인생을 축복하실 주님과 동행하는 귀한 하루가 되시기를. 얍!

12

시간과 호의

"예의는 돈이 들지 않지만 모든 것을 얻는다."

로버트 볼튼이 쓴 『회사 속 사람의 모습』에 나오는 말입니다. 인사를 잘 하는 것은 돈이 들지 않지만 호의를 얻는다는 말로도 표현할 수 있습니다.

직장 생활에서 가장 예의 바른 것은 시간을 잘 지키는 것이라는군요. 높은 사람일수록 지각하는 사람에 대한 거부감이 증대된다는 연구 결과도 있습니다. 내가 지각하는 것을 동료들은 이해할 수 있지만 과장, 부장, 전무, 사장으로 올라갈수록 거부감이 커진다는 것입니다.

LG그룹의 구본무 회장은 약속 시간이 잡히면 한 시간 정도 미리 가서 기다리는 것으로 유명합니다. 기다리는 동안 약속한 사람의 저술이나 자료들을 검색하고 대화의 공통분모를 찾는 데 탁월한 분으로 알려져 있습니다.

반면 실패하는 사람들은 지각을 하는 바람에 대화를 시작하기도 전에 이미 호의를 상실한다는군요. 기다린 사람이 무시당한 감정을 주체하지 못함으로 성공은 물 건너간다는 이야기입니다.

> 우리에게 우리 날 계수함을 가르치사 지혜로운 마음을 얻게 하소서 시 90:12

오늘도 주 안에서 시간을 잘 지키는 하루가 되시기를. 얍!

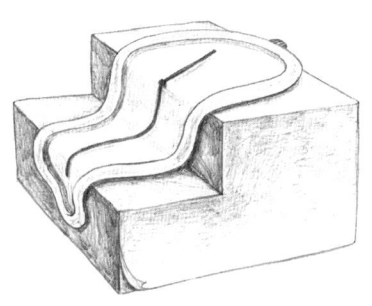

13

빚쟁이는 죽지 않는다!

유대인의 전승에 나오는 이야기입니다.

한 사람이 홍수로 인하여 불어난 물에 떠내려가고 있었습니다. 워낙 물살이 세서 아무도 그를 구할 생각을 못 하고 있었습니다. 그때 한 사람이 물에 뛰어들어서 그 사람을 구출하였습니다. 사람들이 그에게 그런 용기가 어디서 났는지를 질문하였습니다. 그는 대답합니다.

"이 사람은 내 돈을 빌려 간 사람입니다. 이 사람이 죽으면 나와 우리 가족은 다 죽습니다."

그래서 유대인들은 말합니다.

"빚쟁이는 죽지 않는다. 그가 누군가의 희망이기 때문이다."

바울은 자신을 빚진 자로 고백합니다. 그는 자신이 하나님께, 이방인들에게 빚을 진 자로 말합니다. 바울의 인생이 위대한 것은 빚을 떼어 먹지 않고 갚으려고 최선을 다했기 때문입니다. 바울의 빚이 하나님의 희망이 되었습니다.

> 헬라인이나 야만인이나 지혜 있는 자나 어리석은 자에게
> 다 내가 빚진 자라 롬 1:14

오늘도 주 안에서 승리하시기를.
그리고 신세 진 사람들의 빚을 부지런히 그리고 열심히 갚으시기를. 얍!

14

당신의 복원력은 어디에?

　연세대학교 김주한 교수는 현대인들의 가장 큰 약점을 복원력의 상실이라고 했습니다. 상처를 한 번 받으면 복원되지 못하고 그 상처에 매몰되어 버려서 인생 자체를 망친다는 것이었습니다. 그러나 승리하는 사람들은 아픔이나 고난이 없는 것이 아니라 복원을 하고 다시 일어서는 사람들이라고 했습니다.

　조지 뮬러가 일만 번 기도의 응답을 받은 것을 아는 분은 많지만, 그가 71세까지 성경 100독을 하였다는 사실을 아는 분은 매우 드뭅니다. 그가 76세 때 한 말입니다.

　"나는 내 자신에게 주어야 할 가장 중요한 것은 성경을 읽는 것과 묵상하는 것임을 깨달았다. 성경 읽기와 묵상은 바로 나의 속사람의 양식이기 때문이다. 그것은 나에게 평강과 기쁨을 더해 준다."

말씀의 복원력을 잘 깨달은 것 같습니다.

> 네 하나님 여호와를 섬기라 그리하면 여호와가 너희의
> 양식과 물에 복을 내리고 너희 중에서 병을 제하리니
>
> 출 23:25

복잡한 세상에서 복을 누리는 길.
여호와 하나님을 섬김에 있습니다.
상처 같은 것은 묻어 버리고, 오늘도 승리하시기를. 얍!

항상 꽃피는 인생으로 살려면

『있는 자리에서 활짝피기』팜 얀시가 쓴 책의 제목입니다.
활짝 피려면……

첫째, 생각 리모델링하기. 부정적 사고에서 긍정적 사고로, 불가능적 사고에서 가능적 사고로, 불신앙적 사고에서 신앙적 사고로 신속히 채널을 돌릴 것.

둘째, 언어 리모델링하기. 불평 원망에서 감사 찬송으로, 비교 열등에서 2달란트 언어로, 과거적 언어에서 미래적 언어로, 비난 판단에서 칭찬과 격려하는 언어로 전환할 것.

셋째, 행동 리모델링하기. 청결하고 거룩한 행동으로, 욕망에 끌려다님에서 통제하는 행동으로, 군중의 행동에서 지도자의 행동으로 바꾸면 인생이 꽃핀다.

요셉은 노예로 팔려간 보디발의 집에서, 옥중에서, 그리고 바로의 궁중에서 항상 꽃피는 인생을 살았습니다.

> 당신들은 나를 해하려 하였으나 하나님은 그것을 선으로 바꾸사… 창 50:20

자기를 노예로 팔아넘긴 형들에게 한 말입니다.
오늘도 모든 것을 선으로 바꾸시는 하나님을 의지함으로 승리하시기를. 승리를 생각하고 선포하시기를. 얍!

16

선포의 힘

언어의 변화를 통한 삶의 변화는 일어날 수 있을까요? 그렇습니다. 담대한 선포를 통하여 항상 새로운 일이 얼어날 수 있습니다. 왜냐하면 말은 항상 새롭게 일하기 때문입니다.

내가 점점 약해지고 있다는 진단을 받을 때에라도 하나님은 나의 건강을 회복하고 계시며, 나는 모든 방면에서 좋아지고 있다는 믿음의 선언이 하나님의 역사를 일으키기도 합니다.

한 자매가 산후 우울증으로 곤경에 처해 있었습니다. 시시각각 다가오는 죽고 싶다는 생각과 마주하면서 자녀들을 돌보지도 못하였습니다. 하지만 우울증으로 인한 고통 가운데서도 부르짖었습니다.

"나는 주의 은혜로 강건해질 것이다. 매일매일 치유가 일어나고 있다!"

시간이 지난 후 자매는 이렇게 고백했습니다.

"목사님, 어떻게 이런 날이 저에게 올 수 있는지 이해할 수 없어요. 제가 사망의 음침한 골짜기를 통과하는 동안 아이들이 무사히 지혜롭게 성장했어요. 그리고 저의 우울증도 치유되었어요. 남편도, 자녀도, 환경도 다 축복으로 들어갔어요."

새로운 날은 오고 있습니다. 선포하십시오. 새 날이 오고 있음을 말입니다. 주님께서 말씀하십니다.

> 보라 내가 새 일을 행하리니 이제 나타낼 것이라
> 사 43:19

하나님 안에서 새로움을 맛보는 하루가 되기를. 얍!

17

일하기 싫은 날

"일을 잘하고 일터에서 승리하는 비결은? 일을 하기 싫어하는 무기력과 일을 할 수 있는데도 하지 않으려는 저항감을 제거해야 한다. 특히 '학습된 무기력', 즉 무조건 일하기 싫어하고 피하는 것은 인생과 삶을 치명적인 위기로 몰아감으로 제거해야 한다. 그리고 마음에 일을 할 수 있음에도 불구하고 하기 싫다는 저항감의 발동을 제한해야 한다."

직장사역 전문가 원용일 목사의 말입니다.

성경은 일에 대하여 무엇이라고 할까요? 손에 잡히는 대로 열심히 일하라고 합니다. 왜냐하면 죽으면 일을 못하니까!(전 9:10)

헉……? ㅋㅋㅋ 그리고 한마디 더!

누구든지 일하기 싫어하거든 먹지도 말게 하라 살후 3:10

조용히 일하여 자기 양식을 먹으라 살후 3:12

일을 하고 싶어도 하지 못하는 사람들이 급증하고 있습니다. 출근길, 일하기 싫다는 무기력과 일로부터 도피하려는 저항감은 저 세상으로 보내고 맡은 바 직무를 성실히 수행하고 승리하시기를. 얍!

18

성공은 고민으로 시작됩니다

한 자매가 있었습니다. 이 자매에게는 말 못하는 고민이 있었습니다. 바로 화장품의 종류와 관계없이 바르면 피부가 뒤집어지는 것이었습니다. 낙망하며 지내는 중……

나와 같은 고통을 당하는 사람들이 더 있겠구나 생각을 하면서, 전공과는 무관한 화장품의 성분에 대하여 연구하기 시작했습니다. 결국 연구를 거듭한 끝에 뒤집어지지 않는 화장품을 만드는 데 성공하였습니다. '내 피부는 왜 이 모양인거지' 하고 낙심만 하지 않고 연구를 거듭한 결과였습니다. 자신만 생각했다면 망하였겠지만, 자매는 자기와 같은 고통을 당하는 분들을 생각하며 연구에 매진하였고, 많은 유익을 주게 되었습니다.

중풍병을 앓는 친구의 병을 안타까워하던 친구들, 예수님께 나아가고자 하였으나 접근할 수 없을 때, 지붕을 뚫고 길을 만들어 친구를 치료하는 데 성공하였습니다(막 2:4).

길이 없으면 만들면 됩니다. 하늘과 땅에 길이 없을 때 바다에 길을 내시는 여호와 하나님이 계시기 때문입니다.

> 너희는 두려워하지 말고 가만히 서서 여호와께서 오늘 너희를 위하여 행하시는 구원을 보라 출 14:13

오늘도 주의 은혜로 승리하시기를. 얍!

마음 넓히기

"마음을 혁신하면 새로운 삶의 길이 열린다."
달라스 윌라드의 말입니다.

좁은 마음을 넓히면 인생 자체도 새로워지고, 나도 살고 너도 살고 그 사람의 주변 사람이 모두 다 살 수 있습니다. 마음이 좁아지면 사람들이 미워지고 볼수록 짜증이 나고 생각하면 혈압이 오르고 정신세계마저 파괴됩니다.

마음이 좁아지는 순간 인생은 험지가 되고 사막이 되고 광야가 됩니다. 그 사람의 마음속에는 단 한 사람도 살지 못하게 됩니다. 그러나 마음을 넓히면 마음은 오아시스가 되고 사람들이 깃들고 인생들이 모입니다.

사도 바울은 시끄러운 고린도 교회의 교인들을 향하여 이런저런 권면을 한 후에 너희 마음을 넓히라고 했습니다. 넓히면 넓혀지는 것이 마음이고, 좁히면 좁아지는 것이 마음입니다.

> 너희가 우리 안에서 좁아진 것이 아니라 오직 너희 심정
> 에서 좁아진 것이니라 내가 자녀에게 말하듯 하노니 보
> 답하는 것으로 너희도 마음을 넓히라 고후 6:12-13

출근길, 마음을 확 잡아당겨 늘리시고, 모든 일 넉넉하게 대처하시기를. 얍!

20

한 가지에 집중하는 마음

 키에르케고르는 가장 순수하고 아름다운 마음은 한 가지에 집중하는 마음이라고 했습니다. 그리고 집중하는 마음을 통해서 더 아름다운 것들이 창조된다고 주장하였습니다.

 학생이 수능에 집중해야지 연예인이나 축구와 같은 것에 마음이 나누어져 있다면, 부모가 볼 때 그 자녀는 이미 본질을 벗어난 것입니다. 순수성을 상실한 것입니다. 그러나 직장인이 된 후에 업무를 하지 않고 수능책을 보고 있다면, 그것도 순수함을 잃은 것입니다. 자기의 시간에 맞는 집중이 필요할 때입니다.

 사람들은 여러 가지 일을 하는 것을 자랑스럽게 생각합니다. 투잡 시대에 하나만 한다면 뒤처지는 것이 아닌지 불안하기도 합니다. 그러나 제대로 하는 하나는 열 개의 일이 부럽지 않습니다.

많은 일로 분요한 마르다에게 주님은 칭찬 대신 책망을 하셨습니다. 그러나 말씀 듣는 한 가지 일에 집중한 마리아를 칭찬하셨습니다.

> 마리아는 이 좋은 편을 택하였으니 빼앗기지 아니하시니
> 라 눅 10:42

오늘도 때에 맞는 한 가지 일을 잘 선택하시고 승리하시기를. 얍!

21

바쁘게 사십니까?

"살 만하면 떠나는 게 인생이다."

한 감독이 파악한 인생의 전모입니다. 그 감독은 자기 주변의 많은 사람들의 인생을 관찰하였습니다. 그런데 놀랍게도 살 만하면 다 떠나는 것을 발견하였습니다.

장애인 자녀나 망한 자녀를 둔 부모, 배우자가 쓰러진 분들의 간절한 소원은 모두 저들을 먼저 보낸 후 한 1년 정도만 쉬었다 가는 것인데, 비교적 그 소원은 잘 이루어지고 있다는군요.

그러나 물불을 가리지 않고 밤낮을 가리지 않고 찬밥 더운밥 가리지 않고 일을 해서 살 만하면 그만 몸은 병이 나고 삶은 절단이 나고 자녀들은 망나니가 되고, 결국 쓸쓸하게 떠난다는군요.

주님은 "안식일을 기억하여 거룩하게 지키라 엿새 동안은 힘써 네 모든 일을 행할 것이나 제 칠일은 너의 하나님 여호와의 안식일인즉… 아무 일도 하지 말라"(출 20:8-10)고 말씀하십니다. 육일 동안은 세상 일을 열심히 하되 주일은 쉬라고 말입니다.

> 범사에 헤아려 좋은 것은 취하고 악은 어떤 모양이라도 버리라 살전 5:21-22

가리지 않고 바쁘게 사는 것이 중요한 것이 아니라 헤아리며 사는 것이 중요하다는 말씀입니다.

오늘도 주 안에서 승리하시기를. 얍!

22

당신의 의지는?

"강한 의지는 강한 사람을 만들고 약한 의지는 약한 사람을 만든다."

아브라함 링컨의 말입니다. 링컨은 의지가 자아의 중심이요, 가장 높은 자리에 있어야 한다는 것을 인식하였습니다. 그는 악인도 강한 의지가 있으면 세계를 움직일 수 있고, 선인도 의지가 없으면 아무것도 할 수 없음을 잘 알고 있었습니다.

히틀러와 같은 악인의 의지도 상상을 초월하고, 선한 사람의 나약한 의지도 상상을 초월합니다. 구역을 지키거나 뺏기 위한 조폭들의 의지는 무시무시하지요.

구역은 교회의 조직인디…… ㅋㅋㅋ

"감정이 왕좌에 오르고 이성은 감정의 종이어야 한다"라는 데이비드 흄.

"강한 의지로 세상을 변화시켜야 한다"라는 링컨.

그럼 선한 사람이 강력한 의지를 가지면 어떻게 될까요? 세상은 멋지고 아름답게 변하지 않을까요?

> 하나님의 은혜의 복음을 증언하는 일을 마치려 함에는
> 나의 생명조차 조금도 귀한 것으로 여기지 아니하노라
>
> 행 20:24

바울의 이러한 의지의 선언을 통해 세상은 아름답게 변화되었습니다.

오늘도 감정 같은 것은 왕좌에서 끌어내리시고, 나약함을 벗으시고, 주를 위하여 가정과 회사를 위하여 굳은 의지로 승리하시기를. 얍!

시간의 역습

"시간에게 역습당하지 마라."

나폴레옹의 말입니다.

"시간은 아주 신실한 종임과 동시에 가장 잔혹한 주인이다."

유대인의 격언입니다.

"지금 나의 고통은 언젠가 잘못 보낸 시간의 보복이다."

세계 정복에 실패한 후 섬에 유배되었던 나폴레옹. 자신의 고난을 돌아보며 이 유명하면서도 철학적인 말을 남겼습니다.

그러나 시간을 잘 활용하면 승자가 됩니다. 쉬운 일 없는 인생이 쉬워집니다. 인생에서 쉬운 일은 하나도 없지만 시간을 통하여 노력하다 보면, 어려운 것을 쉽게 하는 전문가의 반열에 오릅니다. 그래서 성경은 권면합니다.

    세월을 아끼라 때가 악하니라 엡 5:16

시간이 준 기회들을 잘 활용하세요.
오늘도 시간의 보복이 아닌 시간의 승리가 있으시기를. 얍!

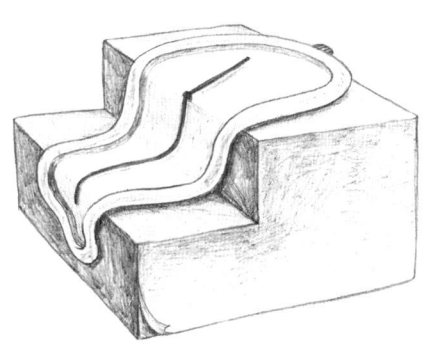

24

감정,
다스릴 수 있을까요?

"과연 인간은 인의예지(4단)로 희로애락애오욕(7정)을 다스릴 수 있는가? 즉, 미리 가진 마음의 자세로 순간순간 발생하는 감정의 고삐를 잡을 수 있는가?"

이것이 조선시대 학자들의 중심적인 논쟁의 대상이었습니다.

'잡을 수 있다'는 이황과 '없다'는 기대승. 두 사람이 주고받은 편지들이 다시 공개되었습니다(『퇴계와 고봉 편지를 쓰다』 김영두 저).

학문의 깊이도 깊이려니와 상대를 극진히 존중하는 학자들의 태도가 매우 놀랍습니다. 성경에는 이론적으로 이황을 지지하는 내용이 더 많이 있습니다. 다니엘이 믿음으로 세상을 이기고 기도하는 모습을 보면 감동적이기도 합니다. 하지만 베드로가 살기 위하여 주를 부인하며, 솔로몬이 정욕에 무너지는 모습을 보고 있노라면 인간의 연약함 또한 알게 됩니다.

잠시만 마음이 약해져도 사탄이 여지없이 공격하는 세상. 그래서 베드로는 말했습니다.

> 너희는 믿음을 굳건하게 하여 그를 대적하라 벧전 5:9

마음을 굳게 하면 세상을 이길 수 있습니다.
오늘도 마음을 굳게 하고 승리하시기를. 얍!

25

원칙이 다는 아니야!

한 고객이 은행에 방문하였으나 담당자가 없어, 다음에 오라는 말을 들었습니다. 다음에 올 테니 주차중에 도장을 좀 찍어 달라고 부탁했습니다. 그때 은행원은 은행 업무를 하지 않은 사람에게는 도장을 찍어 줄 수 없음이 원칙이라고 주장하면서 계속 거절을 하였습니다.

이런저런 말다툼을 하다가 고객이 그럼 은행 업무를 보겠다고 하더니, 자기의 전 계좌에 있는 자금을 인출해 달라고 하였습니다. 무려 백만 불 이상이었습니다. 그러고는 주차중에 도장을 찍어 가더라는 것입니다. 지점이 발칵 뒤집혔습니다. 『당신은 팬이 아니다』라는 책에 나오는 실화입니다.

주차 도장 하나 찍어 주면 어디가 어떻게 되는지 궁금합니다. 세상 너무 팍팍하게 살지 말아야 하겠습니다. 우리는 다 죄인들이고, 너도나도 불쌍한 인생들 아닙니까? 원칙만을 강조하던 바리새인들에게 주님은 말씀하셨습니다.

> 너희 중에 죄 없는 자가 먼저 돌로 치라 요 8:7

오늘도 주 안에서 승리하시기를. 얍!

26

비운 속에 핀 소망

　한국 역사상 미 정부 최고위직(차관보)에 오른 강영우 박사님. 중학교 때 실명의 충격으로 어머니가 돌아가시고, 누나마저 과로사를 하게 되어 형제들은 모두 고아원으로 흩어지게 되는 비운의 사나이였습니다.

　하지만 그는 청소년기에 주님을 만났습니다. 그 이후 성경을 읽고 암송하기 시작했습니다. 말씀을 묵상하며 외우던 그에게 주님은 빛을 주셨고, 아내와 자녀들과 학위를 주셨습니다.

　두 아들은 안과의사와 오바마 대통령의 고문 변호사라는 인정받는 지위를 얻었습니다.

　아이들을 성공시킨 비결은? 바로 아이들이 잠들기 전 불을 끄고 점자로 된 성경을 읽어 주고 암송시킨 것이라고 소개합니다. 마지막으로 그는 이렇게 간증합니다.

"성경은 저와 저의 가정과 자녀 모두를 승리하게 하셨습니다. 성경은 제 가슴에 빛을 주셨습니다."

주의 말씀은 내 발에 등이요 내 길에 빛이니이다

시 119:105

성경과 함께 승리하시기를. 얍!

27

듣고 싶은 말, 들려주고 싶은 이야기

가장 듣기 싫은 말

자라나는 청소년들이 제일 듣기 싫어하는 말은?

"틀렸어!"

'공부해라'와 '누구 좀 닮아라'는 말보다 '틀렸다'는 말이 2016년 청소년 설문 결과 1위를 차지했습니다. 뭘 틀렸다고 하는지는 잘 알 수 없지만, 어찌 됐든 재미있는 결과입니다.

"넌 틀렸어!" 인생의 앞이 캄캄하다는 이야기이겠지요. 아니면 "속이 비틀렸니?"라는 뜻도 될 것 같고, 문제가 틀렸다는 뜻도 될 것 같습니다. 덜컥 결과만 공개되고 나니 궁금해지는 것이 많습니다. 공부는 하기 싫어도 인생이 틀렸다는 말은 듣기 싫은 것이 인지상정인 듯합니다.

그렇다면 이런 말을 듣지 않는 가장 좋은 방법은?

착하고 충성되게 사는 것입니다. 2달란트든 5달란트든 최선을 다하면 될 것입니다. 주님은 달란트의 양보다는 내가 사는 모습만을 보십니다.

> 잘하였도다 착하고 충성된 종아 네가 적은 일에 충성하였으매 내가 많은 것을 네게 맡기리니 네 주인의 즐거움에 참여할지어다 마 25:21

오늘도 충성되게 살며 주 안에서 승리하시기를. 얍!

28

남의 시선을
의식하지 마십시오

"남이 나를 이해할 수 있나? 없다. 나는 남을 이해할 수 있나? 죽어도 못한다."

『나는 생각이 너무 많아』의 저자 페티콜린의 말입니다.

남의 이해를 받고자 하는 것은 매우 비효율적이라는군요. 나도 남을 이해하지 못하는 데 남이 나를 이해해 주기를 바라는 마음 또한 별나다고 할 수 있습니다.

이것저것 예민하게 반응하고, 감수성을 폭발시키며 머리 아프게 고민하지 말라는 것입니다. 남의 시선에 내 인생을 의지하는 것은 어리석은 일입니다. 누구나 자기의 길이 있습니다.

믿음의 사람 사도 바울은 오직 자신의 인생을 하나님의 판단에 맡기고 위대한 사람이 되었습니다.

> 너희에게나 다른 사람에게나 판단 받는 것이 내게는 매우 작은 일이라 나도 나를 판단하지 아니하노니… 다만 나를 심판하실 이는 주시니라 고전 4:3-4

세상 이목 신경 끄시고 주 안에서 승리하시기를. 얍!

29

작은 소원

"작은 것을 바라는 사람들이 가장 위험한 사람이다."

『나는 생각이 너무 많아』의 저자 페티콜린의 말입니다.

내가 뭐 그리 큰 것을 바라는 건가요? 그저 아이들 공부 잘하고, 남편 직장 생활 잘하고, 우리 가족 모두 건강하고, 부모님들 우리에게 짐 되지 않는 것 정도인데요.

양문형 냉장고를 바라나, 드럼형 세탁기를 바라나, 그저 조그마한 다이아몬드 반지 이 작은 손에 끼워 달라는데 그걸 못하나…… ㅋㅋㅋ

온 가족 건강, 아이들 지혜, 남편 성공, 부모 강건은 작은 것이 아니라 모든 것입니다. 아니 인류의 공통 소원일 것입니다. 이걸

작다고 하니 욕심꾸러기이지요. 아미노산 합성을 방해하고, 세로토닌 분비를 막는 가장 빠른 길. 큰 것을 작게 여기고, 남들에게 요구하는 것이라는군요.

그래도 여러분의 작은(?) 소원들이 꼭 이루어지기를 바랍니다.

> 네 하나님 여호와를 섬기라 그리하면 여호와가 너희의 양식과 물에 복을 내리고 너희 중에서 병을 제하리니, 내가 내 위엄을 네 앞서 보내어… 네 모든 원수들이 네게 등을 돌려 도망하게 할 것이며 출 23:25, 27

인류의 소원, 여호와를 섬기는 데 있습니다.
오늘도 주 안에서 승리. 얍!

30

깊은 상처

사람에게 가장 깊은 상처를 주는 사람은?

"가장 깊이 사랑한 사람."

이상 심리 전문가인 내러모아의 말입니다.

가장 깊은 사랑을 받아야 할 사람에게 상처를 받으면 충격과 분노를 겪은 후 이상 심리나 이상 행동으로 가게 된다는군요. 부모나 배우자 그리고 자식 등과 같이 친족에게 버림을 받는 경우가 가장 깊은 아니 회복되기 힘든 상처를 남긴다니…….

그나마 그 외에 주변 사람들로부터 받은 상처들은 깊이가 깊지 않아 회복이 빠르다고 하니 다행입니다. 안보면 그만이거나, 틀어지면 원수가 될 일반 사람들은 적당히 사랑하는 것도 지혜라는군요. 속내를 다 드러내 보이고 원수가 되었을 경우를 대비하지 않으면 제대로 KO펀치를 맞을 수 있다고 합니다.

> 내가 너를 떠나지 아니하며 버리지 아니하리니 강하고
> 담대하라 수 1:5-6

하나님은 우리를 영원히 버리지 않으십니다.
오늘도 주 안에서 승리. 얍!

31

머리카락아 가지마!

사람의 머리카락의 수는 약 10만 개가량 정도 된다고 합니다. 사람에 따라서 다르겠지만, 어떤 이는 많아서 어떤 이는 적어서 걱정이지요. 머리카락이 너무 많은 사람은 레이저로 지지기도 하고, 너무 적은 사람은 돈을 내고 심기도 합니다. 어떤 분은 머리카락이 빠지지 않는 약을 장기간 먹다가 위장병에 걸리기도 합니다.

머리를 감을 때마다 약 40~80개가량이 빠지는 것이 정상이라는군요. 저도 이미 오래전부터 염색을 하고 있습니다. 오래전에 "백발은 영화의 면류관"이라는 말씀을 무시하고 염색하는 사람들을 정죄하였습니다만, 제 머리가 희고 보니 보통 지저분해 보이는 것이 아닌지라, 면류관에 뺑끼(?)를 자주 칠하고 있습니다.

  염색하든지 감든지, 심든지 뽑든지, 깎든지 볶든지, 하나님이 다 세고 계신다고 주님은 말씀하십니다. 하나님이 이렇게 하찮은 머리카락도 다 세시는데, '너의 중요한 부분들을 돌보지 않겠느냐'고 권면하십니다.

> 너희에게는 심지어 머리털까지도 다 세신 바 되었나니
> 두려워하지 말라 눅 12:7

모든 것이 주님의 손 안에 있습니다.
그리고 그분이 통제하고 계십니다.
오늘도 주 안에서 안심하시고 승리하시기를. 얍!

32

보이는 것 너머에

예수님의 제자 중 한 사람이 예수님께 초청을 받았습니다. 그는 바로 초청에 응하지 않고 "먼저 아버지를 장사 지낸 후에 와서 예수님을 따르겠다"고 하였습니다. 그때 예수님은 "그래! 집으로 가서 장례를 잘 치르고 돌아와 나를 따르라"고 하지 않으셨습니다. 다만 "죽은 자는 죽은 자들에게 맡기라"는 다소 의아한 말씀을 하셨습니다.

죽은 자는 죽은 자들에게 맡기라고요? 산 자들이 죽은 자의 장례를 치르는데, 왜 산 자들을 죽은 자들이라고 하였을까요? 주님의 눈으로 보시기에는 죽은 자나 그들을 매장하는 자들이나 둘 다 하나님의 생명에서 분리된 자들이기에 죽은 자라고 하셨던 것입니다.

그러나 마리아의 오라비인 나사로가 죽었을 때에는 "죽은 것이 아니라 잔다"고 말씀하셨습니다. 주님 안에서 영생으로 들어갔기 때문입니다.

> 죽은 자들이 그들의 죽은 자들을 장사하게 하고 너는 나를 따르라 하시니라 마 8:22

보이는 것이 다가 아닙니다. 보이는 것의 배후에 더 큰 것이 있습니다. 하나님은 죽은 자의 하나님의 아니요, 산 자의 하나님이십니다. 믿음이 있는 자들이 산 자들입니다.

오늘도 주님 보시기에 믿음으로 승리하시기를. 얍!

33

의인과 악인의 차이

우리가 세상을 살다 보면 성경 말씀과 다른 현실을 발견합니다. 즉, 악인들은 담대하고 의인들은 겁이 많다는 것입니다. 악인들의 대명사인 조직폭력배들의 담대함이나 먹는 음식으로 장난을 치는 사람들의 겁 없는 행동은 그야말로 사자같이 담대합니다.

반면에 의인들은 삶을 사는 데도 겁이 지나치게 많습니다. 즉, 이것을 하면 법을 어기는 것 아닌가, 저것을 하면 하나님이 기뻐하지 않는 것이 아닌가 등등 너무나 생각이 많고 복잡합니다.

그런데 말씀은 왜 반대로 의인은 사자 같고 악인은 도망간다고 했을까요? 그것은 악인은 악을 행하기에는 담대해도 그 이후에 벌을 받을까 봐 심리적으로 매우 위축된 상태로 살고, 반면에 의인은 이것저것 하나님을 두려워하며 피하다 보니 크게 걸릴 것이 없어 내면적으로는 평안을 누린다는 말씀입니다.

> 악인은 쫓아오는 자가 없어도 도망하나 의인은 사자 같이 담대하니라 잠 28:1

주님을 두려워하는 자는 세상이나 그 무엇도 두려워할 필요가 없습니다. 그저 사자같이 담대할 뿐입니다.

오늘도 사자 같은 의인이 되시기를. 얍!

34

선물이 된 나의 아픔

『상처입은 치유자』라는 책으로 유명한 헨리 나우웬.
어떻게 상처를 받은 사람이 위로자가 될 수 있는지를 설명해 줍니다.
암 선고를 받은 어떤 사람이 하늘이 노래지는 경험을 합니다. "어떻게 나에게 이런 일이 일어날 수 있냐"며 말입니다. 나름대로 의롭고 바르게 믿음 안에서 살았는데, 청천벽력 같은 소식이라니…… 며칠을 울며불며 불안한 마음으로 지냅니다. 그런 그녀가 갑자기 위로를 받은 곳은 바로 병원이었습니다. 수술 예약을 하기 위해 초조한 마음으로 기다리는데, 옆에 앉은 자매가 말을 붙입니다.

"너무 걱정하지 마세요. 저도 이 병에 걸려 수술을 받았는데 이후 잘 지내고 있어요. 처음에는 다 그렇지만 이후에는 나아진답니다."

그전에 그녀는 세상 부귀영화 따라가며 살았는데 수술을 하고 나서는 소소한 일상이 복이라는 것을 깨달았습니다. 행복을 찾아서 헤매는 동안 이미 내가 행복하다는 사실을 잊어버리고 있었던 것입니다. 이야기가 계속되는 동안 노랗게 되었던 하늘이 다시 파랗게 되었습니다.

> 우리가 환난 당하는 것도 너희가 위로와 구원을 받게 하려는 것이요 고후 1:6

나의 아픔이 남을 치유하는 약이 될 수 있습니다.
내가 만나는 분들에게 파란 하늘을 선물하시기를.
그리고 오늘도 승리하시기를. 얍!

35

자녀 공경

 현대인들이 십계명 위에다 새로 만든 열한 번째 계명은 무엇일까요? 바로 "네 자녀를 공경하라"가 선정되었습니다. 이용희 교수는 이렇게 말했습니다.

 "현대인들은 어느 순간 자녀들을 교육하고 훈육을 하는 대신 자녀를 공경하고 경외하기 시작했고, 이제는 자녀를 우상으로 만들고 말았다."

 자녀에게 "이거 했어요. 저거 했어요."라는 식의 경어를 사용하다가, 지금은 자녀들의 복지를 위해 인생 전체를 거는 형태로 발전하였다는군요. 자녀에게 좋은 것을 경험시켜 주기 위해 물불을 가리지 않는 이 세대는 결국 그 자녀들의 방종과 타락으로 고난을 경험할 것이라고 경고하는군요. 그러니 성경에도 없는 자녀 공경하지 말고, 성경에 있는 부모를 공경해서 축복의 약속을 받으라고 권면하는군요.

> 마땅히 행할 길을 아이에게 가르치라 그리하면 늙어도 그것을 떠나지 아니하리라 잠 22:6

아이는 초달을 해야 바른길을 갑니다.

> 매를 아끼는 자는 그의 자식을 미워함이라 잠 13:24

학교 가는 아이들 뒤통수 한 방 날리시고.
평안을 누리시기 바랍니다. 얍!

36

예측은 금물

　1960년에 세계의 경제학 석학들이 한 가지의 내기를 했습니다. 당시 최빈국에 속한 가나와 필리핀, 그리고 우리나라 중 부유해질 나라와 가난해질 나라를 선택하라고 말입니다. 대부분의 학자들이 자원이 풍부한 가나와 기후가 따뜻한 필리핀의 부흥을 예측했고, 한국은 기후가 춥고 자원이 없어서 더 가난해질 것이라고 했다는군요.

　재레드 다이아몬드의 저서 『나와 세계』에 나오는 말입니다. 그런데 약 50년 정도가 지나서 뚜껑을 열어 보니 경제학자들의 예상을 깨고 한국이 잘 사는 나라가 되었다는군요. 그리고 그 이유는 "문명화된 중국이 인접해 있고, 독립적인 문자를 개발하고,

다양한 제도를 시행한 결과다"라고 한다는군요. 어찌 됐건 가난을 벗어난 것은 잘된 일인 것 같습니다.

  세상은 예측할 수 없게 움직입니다. 미리 예단하여 절망하거나 포기할 필요가 없습니다. 심고 물 주는 우리들의 수고를 풍성한 열매로 갚으시는 하나님이 계시기 때문입니다.

> 나는 심었고 아볼로는 물을 주었으되 오직 하나님께서 자라나게 하셨나니 고전 3:6

오늘도 자라게 하시는 주님의 은총이 있으시기를. 얍!

37

자아도취

"가진 것이 많은 집의 자녀들은 자아도취가 너무 강해 성공하기가 어렵다."

얼마 전 하버드 비지니스 리뷰에서 발표한 내용입니다.

우리나라 못지않게 미국에서도 대기업 소유주의 2~3세들이 일으키는 문제 때문에 여러 가지로 골치가 아픈 모양입니다. 망나니같이 자라난 아이들인지라 감당할 수 없는 부분도 많은 듯합니다. 그래서 조사를 해 본 결과 2~3세들은 자아도취가 너무 강해 자기가 누구인지를 잘 알지 못한다는 것을 발견하였습니다. 너무 독립적으로 자라다 보니 다른 아이들과 비교해 보지 못하여 생긴 병폐라는군요. 비교당하면서 자라야 자기의 좌표를 알 수 있는데, 비교 없이 자라다 보니 자기의 위치를 모른다는 것이었습니다.

서자 출신이라 삐뚠 길로 가는 홍길동이 가장 듣기 싫어 한 말은 무엇일까요? "같은 서자 출신인 허준이는 공부해서 의사가 되었다더라. 준이 좀 본받아라"라는 아버지의 말이라는군요. 집 나간 이유가……!

바울도 말합니다.

> 내가 그리스도를 본받는 자가 된 것 같이 너희는 나를 본받는 자가 되라 고전 11:1

오늘도 주를 위해 산 바울을 본받아 승리하시기를. 얍!

38

치유의 소망

　우리나라 연구팀에 의해 유전자 가위 기술이 진보가 되었다는 소식이 과학 잡지에 실렸습니다. 오랫동안 기대하던 신기술의 개발로 인하여 불치와 난치병의 치료가 이루어질 전망이라는군요.

　유전자의 순서가 1-2-3-4로 가는 것이 정상인데, 이것이 뒤틀어져 1-3-2-4가 되면 병이 발생한다고 합니다. 이때 바로 이 순서가 잘못된 3-2부분을 가위로 잘라 버리면, 다시 정상 1-2-3-4가 된다는군요. 세계 과학계에서 난리를 피우는 것을 보면, 신기술은 신기술인가 봅니다.

　몇 달 전에는 매일 약 먹는 사람들의 불편을 덜어 주기 위하여

한 달에 한 번만 먹어도 되는 기술을 개발하여 세계를 놀라게 하더니, 이제는 가위를 발견하여 더 놀라게 하고 있습니다. 커트 실력이야 대한민국이 최고이지요.

> 너는 복이 될지라 창 12:2

"주여! 이 나라 이 민족이 인류의 횃불 되게 하소서. 세상을 치유하는 축복의 통로가 되게 해 주옵소서. 우리가 모두 복의 근원이 되게 하옵소서."

오늘도 주의 은혜로 승리하시기를. 얍!

39

자유의 힘

아무런 의미가 없어 보이는 일상의 하루가 누구에게는 오랜 수감 생활을 마치고 나오는 출소일이 되기도 하고, 누구에게는 기도의 응답으로 기쁨이 몰려오는 날이기도 하며, 누구에게는 새로운 교제를 시작하는 날이기도 하고, 누구에게는 병원에서 완치 판정을 받거나 암 선고를 받기도 하는 날입니다. 하루에 많은 일들이 일어납니다.

제가 제대하는 날에는 폭우가 내렸습니다. 신고를 받은 장교들이 비가 그치면 가라고 권면을 했지만, 한 사람도 남는 사람이 없었습니다. 비를 맞으며 부대를 떠나던 그날, 「쇼생크 탈출」의 주인공 '앤디' 같았지요.

자유의 힘은 대단했습니다. 예수를 알고 자유를 얻던 그날의 자유만큼은 아니지만, 전역은 자유입니다.

　　진리를 알지니 진리가 너희를 자유롭게 하리라 요 8:32

주 안에서 참된 자유를 얻고 승리하시기를. 얍!

40

열일하기

    유대인들은 성경 이외의 모든 것을 의심하라고 가르칩니다. 인간의 논리에는 반드시 허점이 있다는 것을 이미 오래전부터 알았기 때문입니다. 그래서 유대인들은 기존의 학설을 뒤집는 새로운 논문들을 많이 발표하여 세계의 학계를 주도하고 있습니다.

    그들이 믿지 않는 말 중에 하나가 바로 "직업에 귀천이 없다"라는 말입니다. 그러면서도 동시에 '자기 일'을 열심히 하도록 가르칩니다. 자기 분야에 전문가가 되면 왕 앞에 선다는 것을 알기 때문입니다. 우리나라에서도 올림픽 금메달 리스트나 골프 천재 또는 괄목할 만한 성적을 거둔 사람들을 청와대로 초청하는 장면을 자주 볼 수 있습니다.

> 네가 자기의 일에 능숙한 사람을 보았느냐 이러한 사람은 왕 앞에 설 것이요 천한 자 앞에 서지 아니하리라
>
> 잠 22:29

자기 일을 쉽게 하는 네 가지!

"생각하고, 시도하고, 땀흘리고, 하나님을 의지하라."
Think, Try, Toil, Trust in God.

이것은 와나 메이커의 평생 신념이었습니다.
오늘도 주 안에서 승리하시기를. 얍!

41

급할수록 천천히

　사람들의 소원 중의 하나는 부하고자 하는 것입니다. 부를 위해 노력하는 것 자체를 나무랄 수는 없습니다. 소유는 사람에게 소외를 극복하게 해 주고, 편의성을 증대시키며, 남들에게 폐를 끼치지 않도록 돕기 때문입니다.

　그러나 성경은 속히 부하고자 하는 자들에게 경고합니다. 속히 부하고자 하는 사람들이 있듯이 그들을 상대하는 많은 유혹들이 있습니다. "복권, 도박, 카지노, 주식, 사채놀이, 바카라 게임, 불법, 리베이트 등등……"

　하나같이 빠지면 망하는 것들입니다.

　조기 교육의 과욕으로 무리하게 아이들을 학습시키다가 아이들이 조기에 학습 흥미를 잃고 삐뚤어지고 있습니다. 심리 장애와 섭식 장애가 발생하고 있습니다. 하루아침에 되는 것은 없습니다.

> 속히 부하고자 하는 자는 형벌을 면하지 못하리라
> 잠 28:20

무엇이든지 너무 빨리 하려고 하면 망합니다.
오늘도 서두르는 마음, 급한 발 멈추시고……
조화롭고도 평화롭게 사시기를. 얍!

42

1%의 저주

한 개업 축하연에서 있었던 이야기입니다.

약 100여 명의 사람이 하객으로 와서 95명가량은 축하를 해 주었고, 3~4명가량은 요즘같이 어려운 시기에 창업하는 것이 대단하다고 축하하면서 동시에 미래를 우려하는 말을 해 주었습니다. 하지만 그중에 단 한 명은 "그 친구는 절대로 성공하지 못할 것"이라면서 축하연에 오지도 않았습니다.

그런데 개업 축하연을 베푼 사람의 마음에 남은 것은 95%의 축하가 아니라 원수같이 여기는 그 한 사람의 말이었습니다. 그는 단기간에 성공하는 모습을 보여 주기 위해 열성을 다하였습니다. 빚을 내서 고급 차를 샀고, 사무실도 새로운 곳으로 이전을 하였으며, 직원들도 많이 뽑았습니다.

하지만 적자의 누적으로 회사는 문을 닫게 되었고, 그 1%의 저주가 이루어졌습니다. 1%의 저주에 생각이 묶이면 망합니다. 나를 유독 싫어하는 한 사람이 나를 망하게 할 수 있습니다.

「소수의 원수가 나를 망하게 한다」는 글에 나오는 이야기입니다.

> 남의 말하기를 좋아하는 자의 말은 별식과 같아서 뱃속 깊은 데로 내려가느니라 잠 18:8

오늘도 말 같지도 않은 1%의 말은 접고, 여러분을 응원하는 95%의 사람들을 생각하며 승리하시기를. 얍!

43

자녀에게 거룩한 영향을…

최근 초등학생과 청소년들의 정신 건강 문제가 큰 사회적 문제가 되고 있습니다. 우리 동네에서도 병원에 가려면 한 달 전에는 예약을 해야 한다고 하니 참 큰일입니다.

드센 엄마, 급한 엄마, 열등감에 싸인 엄마, 비교하는 엄마를 둔 자녀들이 위기로 내몰리고 있습니다.

조선 시대에는 5%만 글을 읽는 양반이었고, 95%는 언년이, 마당쇠와 돌쇠였는데 지금은 누구나 책을 읽으라고 하니, 아이들이 힘들긴 힘든가 봅니다.

19명의 아이들을 모두 성공적으로 키운 웨슬레의 어머니는 이런 말을 하였습니다.

"치마를 뒤집어쓰고 기도하다 보면 주님이 아이들을 키우는 것이 보인다."

아이들 돌보느라 기도할 틈을 얻지 못하여 치마 속으로 달려간 수산나. 그녀는 이렇게 기도합니다.

"하나님 저는 하나님을 위하여 별로 한 일이 없습니다. 그러나 주님이 제게 주신 자녀들을 성실하게, 진리의 말씀으로 가르치겠습니다. 제가 자녀들의 삶에 거룩한 영향을 끼치기 원합니다."

> 이는 네 속에 거짓이 없는 믿음이 있음을 생각함이라 이 믿음은 먼저 네 외조모 로이스와 네 어머니 유니게 속에 있더니 네 속에도 있는 줄을 확신하노라 딤후 1:5

어머니의 눈물의 기도는 자녀를 복되게 합니다.
오늘도 주 안에서 승리하시기를. 얍!

44

삭풍입니까? 춘풍입니까?

『채근담』에 나오는 말입니다.

"세상에서 가장 위험한 사람은 마음이 차가운 사람이며, 반대로 가장 좋은 사람은 마음이 온화한 사람이다. 마음에서 두 개의 바람이 나오는데 하나는 모든 만물을 소생하게 하는 봄바람이고, 하나는 모든 만물을 죽이는 북풍한설(삭풍)이다."

계절적으로는 춘풍은 봄에 삭풍은 겨울에만 불지만 사람의 마음은 계절이 없고, 항상 춘풍이 나오는 사람과 삭풍이 나오는 사람이 있다고 보았던 것입니다. 봄바람이 불면 죽어 있는 것처럼 보이는 만물이 소생합니다. 그러나 북풍한설이 불거나 내리면 그 바람 한 번만 맞아도 만물이 죽습니다.

내 마음에서는 어떤 바람이 나올까요? 삭풍으로 주변을 다 죽이는 바람이 나오면 막아버리고, 만물을 소생시키는 봄바람만 불어야겠습니다. 예수님은 만나는 모든 사람을 살리는 봄바람 같은 분이셨습니다.

> 그가 두루 다니시며 선한 일을 행하시고 마귀에게 눌린
> 모든 사람을 고치셨으니 이는 하나님이 함께 하셨음이라
>
> 행 10:38

마음에서 봄바람이 부는 가장 좋은 성도들이 되시기를. 얍!

45

인간의 운명은 누구의 손에

사라 야펫 교수. 그는 히브리대학 이스라엘 역사 연구에 최고 권위자입니다. 그가 역사를 연구한 이후에 내린 결론. "인간의 운명은 하나님과의 관계에 의하여 결정된다는 것"이었습니다. 즉, 하나님 보시기에 의로운 삶을 산 사람들은 한없이 은혜를 받았고, 그분이 보시기에 악하게 여겨진 사람들은 그 반대의 생애를 살았다는 것을 증명하는 데 성공하였습니다.

사람의 눈으로 보기에는 비교적 성공적인 인생이었던 정치가요, 왕이었던 아합과 여로보암은 최후에 버림받는 인생이 되었고, 그 반대였던 히스기야와 요시야는 실패한 정치가였으나 종국적으로 성공한 사람이 되었다는 것입니다.

사람은 내일을 알 수 없습니다. 그러나 주님은 우리의 내일을 아름답게 하실 수 있는 분입니다.

> 일의 결국을 다 들었으니 하나님을 경외하고 그의 명령들을 지킬지어다 이것이 모든 사람의 본분이니라 하나님은 모든 행위와 모든 은밀한 일을 선악 간에 심판하시리라 전 12:13-14

오늘도 주님 보시기에 좋은 인생들이 되시기를.
그리고 한없는 은혜를 받으시기를. 얍!

46

실수! 누구나 한다

세계에서 축구를 제일 잘하는 사람으로 알려진 리오넬 메시. 갑자기 국가대표에서 은퇴를 선언하는 바람에 아르헨티나의 대통령까지 나서서 막고 있군요.

무슨 일인가 해서 보았더니 내용인즉 아르헨티나가 남미 컵 축구 대회 결승전에서 칠레에게 승부차기 끝에 4:2로 졌습니다. 그런데 이때 키퍼로 나선 메시가 실축을 하는 바람에 팀이 진 것이 화근이었습니다. 그래서 메시가 분을 이기지 못하여 은퇴를 선언한 것입니다. 킥을 실축한 다음에 머리를 감싸고 있는 사진이 실렸습니다. 상상 못 할 결과라는 것이겠지요.

그렇습니다. 인생은 늘 예측불허입니다. 세계 제일의 선수도 실수할 수 있습니다.

> 빠른 경주자들이라고 선착하는 것이 아니며 전 9:11

세계 1등도 실수하는 것이 인생입니다. 그러나 이것을 딛고 일어서는 인생은 더 아름답습니다. "메시 돌아와!"
오늘도 주 안에서 승리하시기를 얍!

47

옛사람 벗어 버리기

필리핀에서 상습적인 마약 사범들이 자수하기 위해 경찰서로 몰려드는 진풍경이 벌어졌군요.

웬 자수? 필리핀 대통령으로 취임하는 두테르테가 살인, 강간, 마약 사범들은 검거 단계에서 사살해도 좋다는 말을 하였습니다. 범인을 체포하여 재판을 하고 감옥에 넣는 비용이 너무 많이 드니, 아예 검거 초기에 웬만하면 사살하라는 지시를 한 모양입니다. 그리고 많은 사범들이 설마설마하다가 사살을 당한 것 같군요.

그래서 마약 사범들이 경찰서로 몰려들어 등록을 하고 치유를 받겠다는 우스꽝스러운 풍경이 벌어진 것 같습니다. 당장이라도 끊을 수 있는 것을 질질 끌다가 사살한다고 하니 마약을 다시는 하지 않겠다고 서약을 하는군요.

인간의 자유의지는 매우 강하여 지금 당장 변화를 수반하는 행동이 가능하나, 타락한 본성이 질질 끌고 있을 뿐이라는 것을 보여주는 사건입니다.

> 너희는 유혹의 욕심을 따라 썩어져 가는 구습을 따르는
> 옛 사람을 벗어 버리고 오직 너희의 심령이 새롭게 되어
> 하나님을 따라 의와 진리의 거룩함으로 지으심을 받은
> 새 사람을 입으라 엡 4:22-24

옛 습관을 확 벗어 버리고 새로운 삶을 사시기를. 얍!

48

의무와 책임

공자가 유교를 만든 이유가 당시 중국에서 유행하던 불교와 도교의 폭력성 때문이었다는 주장이 나와 세계 학계가 주목하고 있습니다. 뭔 소리지? 불교나 도교가 폭력적이라니……

내용을 읽어 본즉 당시 중국에서 가족의 생계 책임을 진 사람들이 인생 살기 힘들다며 가족들을 버리고 도를 닦으러 출가하는 바람에 남은 사람들은 거지가 되는 경우가 많았다는군요. 그리고 국가도 이들을 버리는 바람에 타인이 병역을 더 오래하는 경우도 생겼다는군요.

나 혼자 책임을 면하려고 현실을 도피하는 사람들이 많아지면서 가족과 국가가 붕괴되고 흔들리게 되자, 공자가 국가나 가족을 중심으로 한 유교를 창시하였는데 상당한 호응을 얻게 되었다고 합니다(르네 지라르의 『우상의 황혼과 그리스도』).

사람에게 직접적인 폭력을 가하지는 않았지만, 고상해 보이는 이유를 대면서 의무와 책임을 벗어나려고 한 것을 타인에 대한 폭력으로 본 르네의 견해에 상당히 동감됩니다. 가족을 돌아보지 않는 자는 불신자보다 더 악한 자라는 주의 말씀이 생각나는군요.

> 누구든지 자기 친족 특히 자기 가족을 돌보지 아니하면
> 믿음을 배반한 자요 불신자보다 더 악한 자니라 딤전 5:8

오늘도 웬수 같은 가족들 잘 먹여 살리시고, 주 안에서 승리하시기를. 얍!

49

웃으세요

 스티브 솔타노프 연구팀은 웃음의 의학적인 반응을 연구하는 팀입니다. 지금까지 내린 결론은 웃음은 강력한 병균 저항 단백질인 감마 인터페론을 증가시키고, T세포를 활성화시키며, 항체 생성을 담당하는 B세포를 증가시켜 면역을 높여준다는 것입니다. 코르티솔 수치를 높여주어 우리를 일시적으로 슈퍼맨으로 만들 수 있다는 다소 황당해 보이는 주장을 하는군요.
 그래도 험한 세상! 부모로, 자식으로, 사장으로, 사원으로, 주부로, 엄마로 사는 것이 어디 쉬운 일입니까? 슈퍼맨, 슈퍼우먼이 되어야겠지요.
 웃을 일이 없다고요? 제가 다니는 항암 스쿨에서는 그냥 큰 소리로 10분 동안 웃으라고 하네요. 하헤히호후. '하'로 2분, '헤'로 2분, '히'로 2분 등으로……!

　　항상 기뻐하라 살전 5:16

웃음을 통해 슈퍼맨, 슈머우먼이 되셔서 오늘 하루도 승리하시기를. 얍!

50

보이지 않는 도움의 손길

투명인간? 사람들이 대접을 받지 못할 때 하는 말입니다.

가령 어디를 방문했는데 거기에 있는 사람들이 환대하지 않고 박대를 할 때 '투명인간 취급을 당했다'며 기분 나빠합니다.

하지만 하버드의 심리학자인 샤하르는 투명 인간론을 지지하고 찬양합니다. 즉, "이 세상에 나를 아는 사람, 나를 주시하는 사람이 하나도 없다면 나는 어떤 일을 할 것인가?"를 고민하면, 나의 달란트를 찾을 수 있다고 합니다.

어려운 말처럼 보이지만, 환난을 당할 때는 사람들의 관심이 부담스러울 때가 있습니다. 시험에 떨어져서 속이 상한 데 사람들이 어떻게 되었느냐를 묻는 것 자체가 더 힘들 수도 있습니다.

그때는 차라리 투명인간이었으면 한다는 것입니다. 투명인간으로 두는 것이 더 낫다는군요.

성경은 예수님을 투명인간처럼 묘사하고 있습니다. 보이지 않지만 우리와 동행하시며 어려울 때 도움의 손길을 베푸는 분으로 말입니다.

> 너는 나를 본 고로 믿느냐 보지 못하고 믿는 자들은 복되도다 요 20:29

우리가 살 수 있는 것은 바로 보이지 않지만 도우시는 주님이 계시기 때문입니다.

오늘도 주 안에서 평안을 누리시기를. 얍!

51

삶과 죽음에서

어제는 정기 검진을 위해 병원에 잠시 다녀왔습니다. 웬 사람들이 그렇게 많은지요? 검사 결과를 보러 오는 사람들은 하나같이 심각한 표정으로 옵니다.

암과 같은 중증 판정이 나면 그야말로 삶에 급제동이 걸리기 때문입니다. 당장 치유를 위해 휴직과 퇴직이 거론되고, 때로는 일상으로 돌아갈 수 없게 되는 경우도 있기 때문입니다.

그런데 제 옆에 의사 가운을 입은 선생님이 앉습니다. 심각한 표정으로…… 안에는 녹색 수술용 옷을 그리고 겉에는 흰색 가운을 입고 있습니다. 그리고 얼마 후 간호사의 안내로 검사를 위해서 들어가더군요.

"누구나 울고, 누구나 웃고, 누구나 아프고, 누구나 사랑하고, 누구나 미워하고, 누구나 늙고 죽는다"라는 시가 갑자기 생각납니다. 그리고 삶의 고단한 십자가를 진 사람들을 긍휼히 여기신 주님도 생각이 났습니다.

내가 죽고서 네가 산다면
내가 죽고서 네가 산다면
눈이 부시게 푸르른 날은
그리운 사람을 그리워하자
– 서정주 「푸르른 날」

내가 죽고서 네가 산다면······
이 사랑이 주님을 십자가로 이끌었습니다.

> 인자가 온 것은 섬김을 받으려 함이 아니라 도리어 섬기려 하고 자기 목숨을 많은 사람의 대속물로 주려 함이니라 마 20:28

오늘도 눈이 부시게 푸르른 은혜의 날이 되시기를. 얍!

52

Stop Drinking

　한 음주운전자가 단속하는 경찰을 피해 도주하여 은밀한 곳에 주차하고 차 안에 몸을 숨겼습니다. 그런데 자기의 뜻과는 다르게 신속하게 검거가 되었습니다. 이유는? 차를 주차한 곳이 바로 경찰서이군요. 정문 근무를 하던 경찰이 급하게 들어오는 차를 보고 검거를 한 모양입니다.

　한 고위 공무원이 취중에 국민들을 향해 "개와 돼지" 발언을 하는 바람에 공분을 사 파면되고 말았습니다. 남들이 갈 수 없는 길을 간 고위직 중의 고위직인데 취중 실수로 그만……. 앞으로 험난한 삶이 기다리고 있습니다. 얼굴이 노출되어 길에서 국민들을 만나면 당장 달려들 텐데 말입니다.

술 취하지 말라 이는 방탕한 것이니 오직 성령으로 충만함을 받으라 엡 5:18

누구든지 술을 먹으면 무슨 일을 할지 아무도 모릅니다. 주사를 부리는 모습은 성도의 모습이 아닙니다. 술에 맛을 들이면 나라를 잃어도 모릅니다.

오늘도 주 안에서 성령 충만하시기를. 얍!

53

엔진을 끄세요, 제발!

"엔진을 끄면 차량이 조용해지듯, 머리의 엔진을 끄면 세상이 조용해진다."

래리 크랩의 말입니다.

우울증, 조울증, 대식증, 거식증, 불면증, 의부증, 의처증, 강박증 등 여러 증상을 가진 사람들을 수없이 만나서 상담한 크랩은 그들 속에서 한 가지 공통점을 발견합니다. 바로 머리가 쉬지 않고 돌아가고 있다는 것입니다. 그것도 안 되는 쪽으로.

당신은 치유될 수 있다고 말해 줘도, 자기는 특수하기 때문에 치유되지 않을 것이라는 이유를 조목조목 대는 것을 보고 놀라곤 합니다. 그래서 이렇게 말합니다.

"엔진을 꺼라! 제발!"

성경도 우리에게 권면합니다.

> 너희는 두려워하지 말고 가만히 서서 여호와께서 오늘 너희를 위하여 행하시는 구원을 보라 출 14:13

때로는 과도한 신경을 쓰는 것보다, 하나님께 맡기는 편이 더 좋습니다.

오늘도 주의 은혜와 역사로 승리. 얍!

54

문제 뛰어넘기

"문제를 열거하지 말고 언약을 선포하라. 그러면 너의 기분이, 장래가, 삶이 밝아지고 힘이 날 것이다."

언약 신학자 로버트슨의 말입니다.

하나님, 지금 세계가 문제입니다. 경제가 문제입니다. 삶이 힘듭니다. 취업이 너무 힘듭니다.

지금 하나님께 고백해 보세요.

"하나님은 필요를 채워주시리라고 말씀하셨지요. 두드리면 열어 주신다고 하셨지요. 도와주고 치료해 주리라고 성경으로 말씀하셨지요."

그러면 훨씬 기분도 좋아지고 마음도 덜 무겁고 인생도 더 밝아집니다.

> 내가 너로 큰 민족을 이루고 네게 복을 주어 네 이름을 창대하게 하리니 너는 복이 될지라 창 12:2

오늘도 성경 언약의 말씀으로 승리하시기를.
그리고 축복의 통로가 되시기를. 얍!

55

대화 상대가 중요하다

한 사람이 다리 난간에서 뛰어내리려고 하는데 누군가 다급하게 소리를 질렀습니다.

"안돼요! 뛰어내리지 마세요!"

그를 붙들었습니다. 그리곤 세 시간 후 둘이 함께 뛰어 내렸습니다. 자살을 막으려고 하던 사람이 자살하려는 사람의 말을 들어주고, 같이 이야기를 주고받다가 결국 같이 뛰어내렸다는 것입니다. 조엘 오스틴(Joel Osteen)의 『*Break Out*』이라는 책에 나오는 이야기입니다.

멀쩡한 사람도 부정적인 이야기를 계속해서 들으면 부정적이 되고 절망적이 됩니다. 죽고 싶은 사람의 말을 들으면 죽고 싶어

집니다. 귀를 막으셔야 당신이 삽니다. 그리고 말씀에 귀를 기울여야 삽니다. 마귀가 던지는 말에 귀를 막고, 주의 말씀에 귀를 기울이십시오.

믿음도 신령한 대화를 나누는 친구를 만나야 진보합니다.

> 모든 지혜로 피차 가르치며 권면하고 시와 찬송과 신령한 노래를 부르며 감사하는 마음으로 하나님을 찬양하고 또 무엇을 하든지 말에나 일에나 다 주 예수의 이름으로 하고 그를 힘입어 하나님 아버지께 감사하라 골 3:16-17

대화 상대를 잘 선정하고 오늘도 주 안에서 승리하시기를. 얍!

56

성실의 열매

한 사람이 있었습니다. 헛간을 청소하던 중 가방 하나를 발견하였습니다. 그리고 그 가방에 적힌 이름을 확인하는 순간 자신의 삶을 후회하였습니다.

수십 년 전 자신의 집에 한 청년이 종으로 일을 하러 왔습니다. 성실한 청년으로 인하여 집안의 일들이 매우 조직적이고 효과적으로 돌아가게 되었습니다.

그리고 얼마 안 되어 주인의 딸이 이 청년을 사랑하게 되었고, 두 사람은 교제를 하였습니다. 그러다가 그만 아버지에게 발각되어 그 청년은 쫓겨나게 되었습니다. 가방을 챙길 시간도 없이 말입니다.

그 가방에 적힌 이름은 제임스 가필드, 당시 미국 대통령의 이름이었습니다.

> 정직한 자의 성실은 자기를 인도하거니와 사악한 자의 패역은 자기를 망하게 하느니라 잠 11:3

오늘도 주 안에서 승리하시기를. 얍!

57

인생은 끈기다!

"끈기가 인생을 위대하게 만든다."

안젤라 리가 했던 유명한 말입니다. 그녀는 미국 육군사관학교와 우수한 인재들을 표본으로 하여 조사를 하였습니다. 상관들과 교수들에게 물어 보았습니다. 누가 이 학교 과정을 수료하지 못할 것인가? 상관들의 대부분은 아이큐가 높은 사람들이 수료하고, 낮은 사람들이 못할 것이라고 예측하였습니다.

그러나 결과는 예측치를 크게 빗나갔습니다. 수료의 문제는 아이큐가 아니라 끈기(Grit)였습니다. 끈기가 있는 사람들은 수료하고 그렇지 못한 사람들은 실패하였습니다. 그리고 더 놀라운 사실 하나, 끈기가 있는 사람들의 아이큐가 상승하면서 업무의 추진력이 크게 향상되었다는 것이었습니다. 그래서 끈기는 인생을 위대하게 만들고 지능 지수를 높여 준다고 할 수 있습니다.

견디고 나가다 보면 언젠간 좋은 날이 옵니다. 그때가 되면 지금의 고통도 추억이 될 것입니다.

> 우리 주 예수 그리스도로 말미암아 우리에게 승리를 주시는 하나님께 감사하노니 고전 15:57

오늘도 끈기로 주 안에서 승리하시기를. 얍!

58

태양의 권세

무더위가 기승을 부리고 있습니다. 처서가 지났는데도 계속 더워지고 있지요.

지구 온난화를 넘어서 일사병과 열사병으로 많은 사람들이 고생하고 있습니다. 우리나라에서만 벌써 고열로 인하여 응급실을 찾은 사람들의 수가 상당하군요.

성경은 말세에 일어날 일의 하나로 "태양이 사람을 태워 죽이는" 일이 있을 것이라고 경고하고 있습니다. 사람을 어떻게 태울 수 있나가 늘 궁금하였는데 이번 여름에 일어나는 일을 보니 약간은 짐작이 갑니다. 강한 빛은 사람의 체온을 급상승시키고 결국 죽음에 이르게 한다는 것을 보게 되었습니다.

일부 무신론자들이 태양 빛으로 사람들이 죽는 것은 태양의 거리나 빛의 강도로 보아 불가능하다고 주장하였는데 결국 허언이 되고 말았습니다.

> 해가 권세를 받아 불로 사람들을 태우니 사람들이 크게 태움에 태워진지라 이 재앙들을 행하는 권세를 가지신 하나님의 이름을 비방하며 또 회개하지 아니하고 주께 영광을 돌리지 아니하더라 계 16:8-9

"주여! 온 땅이 주께 돌아와서 주를 찬양하며 영광 돌리게 하소서. 그리고 주님이 만드신 땅에서 편히 살게 하옵소서."

오늘도 주 안에서 승리 하시기를. 얍!

59

믿음의 망원경

한 꼬마가 있었습니다. 골목대장인 악동이 여러 아이들을 괴롭히는 것을 보다 못해 이런저런 모양으로 덤벼들어도 역부족이었습니다. 그러나 이 꼬마는 전혀 겁먹지 않고 악동을 상대하였습니다. 친구들이 묻습니다.

"저 녀석이 겁나지 않아?"

그러자 꼬마는 망원경을 보여 주었습니다. 망원경이랑 악동이랑 무슨 상관이 있느냐고 말하는 순간 악동이 지나갔습니다.
그러자 그 아이는 망원경을 들더니 거꾸로 보는 것이었습니다.

"거꾸로 보면 저 녀석이 작아 보이거든. 나는 항상 저 녀석을 볼 때마다 망원경을 거꾸로 본다. 그럼 저 친구가 작아져서 겁이 나지 않거든."

다윗은 골리앗을 거인으로 보지 않고 개로 보았습니다. 그리고 개를 쫓는 막대기와 물맷돌을 가지고 나갔습니다. 그리고는 승리하였습니다. 기도와 찬송은 세상을 작게 만들고 원수를 찌그러뜨리는 힘입니다. 거인 골리앗을 개로 만드는 힘입니다.

> 너는 칼과 창과 단창으로 내게 나아오거니와 나는 만군의 여호와의 이름 곧 네가 모욕하는 이스라엘 군대의 하나님의 이름으로 네게 나아가노라 삼상 17:45

오늘도 하나님의 이름으로 승리하시기를. 얍!

60

일기예보

어제 새벽기도 시간에 비를 내려 달라고 기도드렸더니 비가 와서 얼마나 감사한지 모르겠습니다.

하늘이 맑아도 저는 비가 올지를 알고 있었습니다. 첫째는 하나님의 능력을 믿었고, 둘째는 제 몸 안에 있는 증거를 믿었기 때문입니다.

계단을 오르내리다가 나도 모르게 "아이고 무릎이야!" 그러면 몇 시간 후 비가 내리더라고요. ㅋㅋㅋ

무릎이 아프면 계단을 내려갈 때 한 손으로 난간을 잡지요.

어제는 무릎이 시원치 않아도 비가 올 징조 때문에 감사했습니다. 온 땅이 타들어 가는 것보다는 무릎 잠시 불편한 것이 낫지요. 그래도 비가 오는 것을 맞추니 얼마나 신기한지요.

우리 집사람은 오래전부터 빨래를 널기 전에 제게 묻습니다. "무릎 괜찮아요?" ㄱㄱㄱ

은퇴 후에 기상청에 취직하는 것이 좋을 것 같습니다. 기상청에 신경통 환자를 몇 명 두면 비가 오는 것을 맞출 텐데……. 비싼 슈퍼컴퓨터가 무슨 소용이 있는지 의문이 가는군요.

> 내 육체와 마음은 쇠약하나 하나님은 내 마음의 반석이시요 영원한 분깃이시라 시 73:26

오늘도 결실기에 비를 주시는 선하신 주 안에서 승리. 얍!

61

삶의 원동력 스트레스

"스트레스는 사람을 더 아름답게 만든다."

스탠포드의 심리학자 켈리 맥고니걸 교수가 주장한 내용입니다. 그녀는 스트레스를 "사람이 내부와 외부 환경에 적응하는 것의 전부"라고 정의합니다. 적응을 잘 하면 사람도 살리고 마음도 살리는 것이 되지만, 스트레스에서 도망만 가려고 하다 보면 더 큰 스트레스를 받아서 우울증이 올 확률이 높아진다는군요.

사실 스트레스는 사람의 마음을 강화시키고 삶을 개선하며 적당한 윤활유가 되는데, 스트레스를 단순히 피하는 대상으로만 지목하는 것은 해롭다는 주장입니다. 호텔에서 청소를 하는 사람들을 대상으로 "청소를 스트레스로 여기지 말고 운동으로 여기라"는 교육을 실시한 후 업무에 투입한 결과 청소부들의 만족도가 확연히 높아졌다는 연구를 발표했습니다. 청소할 때 사용하는 근육이 수명을 연장한다는 자료를 제시해 주었습니다.

도망이냐 도전이냐 이것이 문제군요. 매일의 아침은 스트레스 속으로 가는 도전이라고 할 수 있겠네요. 그렇다면 맥고니걸 교수의 한마디를 꼭 기억하세요.

"스트레스는 삶의 원동력이다."

> 너희 믿음의 시련이 불로 연단하여도 없어질 금보다 더 귀하여 예수 그리스도의 나타나실 때에 칭찬과 영광과 존귀를 얻게 하려 함이라 벧전 1:7, 개역한글

스트레스를 삶의 원동력으로 삼아 오늘도 주 안에서 승리하시기를. 얍!

62

과거에 얽매이지 마세요

사람을 가장 괴롭게 하는 것은 바로 과거에 대한 생각입니다.

한 교수가 있었습니다. 일본에서 유학을 하는 동안 부인은 죽을 고생을 하면서 돈을 벌어 뒷바라지를 했습니다. 그리고는 학위를 취득하고 귀국하여 교수가 되었는데, 이 부인이 틈날 때마다 "내가 너를 어떻게 키웠는데"라고 말하는 것이 아니겠습니까?

부인은 교수가 된 남편의 꾀죄죄하던 총각 시절과 유학 시절을 들먹이며, 그런 그를 키운 것은 자기라는 사실을 잊지 않았습니다. "하기 싫은 결혼을 불쌍해서 했다"는 등등의 말을 하는 통에 제자들 앞에서도 위신이 상하여 견딜 수 없는 지경이 되었습니다. 참다못한 남편은 전 재산을 다 주고 이혼을 결행하였습니다. 뒷바라지해 준 일은 고맙지만, 더는 그 소리를 들으며 살 수 없다는 것이었습니다. 과거의 고생을 입으로 한 부인은 과거에 맞는 사람이었지만, 현재에는 맞지 않는 사람이 되었습니다.

> 지혜로운 여인은 자기 집을 세우되 미련한 여인은 자기 손으로 그것을 허느니라 잠 14:1

오늘도 각자의 집을 든든히 세우시기를.
주 안에서 승리하시기를. 얍!

63

무식이 용감

 사랑하는 아내의 목뒤에 붙어 있는 모기를 잡기 위하여 남편이 살금살금 다가갔습니다. 그리고 손바닥으로 힘껏 내리쳐서 모기를 잡으려는 순간 모기는 떠나가고 아내의 목만 치게 되었습니다. 순간적으로 가격을 당한 아내는 화를 내었고, 남편은 모기를 잡으려다가 그랬다고 항변을 하였습니다. 하지만 부인의 분은 좀처럼 풀리지 않았습니다. 모기 잡는 것을 빙자하여 자기를 때린 것으로 알았기 때문입니다.
 이 싸움의 책임은 누구에게 있습니까? 바로 남편에게 있습니다. 분노케 하는 것은 사랑이 아니기 때문입니다. 짜증나게 하는 것도 사랑은 아닙니다. 모기를 잡았다고 한들 그것이 무슨 상관입니까? 남편도 속은 탑니다. 선한 동기로 했는데 자기 마음을 몰라 준다고 말입니다. 그러나 이것은 선한 동기라기보다는 미련의 극치입니다.

많은 사람들이 내 마음이 그게 아니었다고 항변하고 있습니다. 마음은 상관없습니다. 행동 속에 미련 끼가 충만(?)하기 때문입니다.

그럼 모기는 어떻게 하느냐고요? 말을 하고 잡든가 아니면 전기 모기채를 쓰시면 됩니다.

모기를 보다가 사람을 놓치지 마시기를.

    오직 지혜는 성공하기에 유익하니라 전 10:10

오늘 하루도 지혜로 승리하시기를. 얍!

64

하나님의 시선이 머무는 곳

 하나님이 가장 눈여겨보는 사람은? 티를 내지 않는 사람입니다. 사람들은 아프면 아픈 티를 내고, 시무룩하면 윗입술을 앞으로 쭉 내밀어서 서운한 티를 냅니다. 괴로우면 자신의 괴로움을 알아달라고 인상을 먼저 쓰는 경향이 있습니다. 부하면 부티를 내고 가난하면 빈티를 냅니다. 자신의 사정을 얼굴이나 온몸에 드러내는 것이 반드시 좋은 일은 아닙니다.

 한 사람이 한 여름에도 긴소매 티를 입고 교회에서 주차 안내를 하였습니다. 주일을 성수하며 늘 기도에 힘쓰는 사람이었습니다. 알고 보니 12년간 신장 투석으로 하루하루를 사는 성도였습니다.

그런 그가 극적으로 이식하는 분을 만나서 수술을 성공적으로 마쳤다는 말을 듣고서야 사람들은 긴소매의 의미를 알게 되었습니다. 못으로 찌른 것과 같은 붉은 주사 바늘의 상처를 감추기 위해서였다는 것을 말입니다. 『*Breakthrough*』에 나오는 이야기입니다.

하나님은 그런 그를 눈여겨보시고 이식자를 연결해 주셔서 성공하게 하셨습니다.

> 어리석은 자는 자기의 노를 다 드러내어도 지혜로운 자는 그것을 억제하느니라 잠 29:11

오늘도 믿음으로 승리하시기를. 얍!

65

화평과 형통

레오나르도 다빈치. 최후의 만찬을 그리다가 일이 막혔습니다. 아무리 궁리해도 더 이상의 진척이 없었습니다. 잘 되던 일이었는데 며칠 동안 아무리 노력해도 일이 앞으로 나가지 않았습니다.

그가 고민하며 기도하던 그때, 친구가 생각났습니다. 얼마 전 심하게 다투고 아직도 화해하지 않은 친구. 그에게 찾아가서 사과하고 화평을 회복하였습니다. 그랬더니 막혔던 작업이 뚫리기 시작했습니다. 그렇게도 보이지 않던 부분이 훤히 보이더라는 것입니다. 그래서 그는 깨닫습니다. 일은 화평이 전제되어야 형통하다는 것을 말입니다.

> 예물을 제단 앞에 두고 먼저 가서 형제와 화목하고 그 후
> 에 와서 예물을 드리라 마 5:24

예물도 중요하지만 먼저 형제와의 화목이 중요합니다.
일하기 전, 화평의 관계를 유지하고 사는 것을 먼저 하시기를.
오늘도 주 안에서 승리! 얍!

66

사악한 말에 끌리십니까?

'청담동 주식부자'로 유명세를 타는 사람이 사기꾼으로 체포가 되었군요. 사기 친 돈으로 재력을 과시하고, 선행한답시고 장학금까지 주는 주제넘은 짓을 하다가 결국 덜미가 잡히고 말았습니다.

자기도 원래는 배달원이자 클럽의 웨이터였지만 주식투자로 천억 대의 자산가가 되었다고 주장을 하면서 사람들을 현혹했던 통에 많은 피해자들이 발생하였습니다. 백배 천배로 불려주겠다는 말을 믿은 사람들이 거의 다 피해자가 되었습니다.

사람들은 왜 이런 황당한 말을 믿고 자신의 전 재산을 투자하는 걸까요?

악을 행하는 자는 사악한 입술이 하는 말을 잘 듣고 거짓
말을 하는 자는 악한 혀가 하는 말에 귀를 기울이느니라

잠 17:4

오늘도 너무 좋은 것을(?) 주리라 말하는 사람들을 의심하고 피하는 지혜를 가지시기를. 얍!

67

빛과 소금의 삶

"너무 좋은 직장 가려고 하지 마라."

지난 주 서울대학교 졸업식에서 김인권 원장이 한 축사의 한 부분입니다.

다들 좋은 직장과 타이틀에 집착하는 세대에서 그렇게 살지 않아도 된다는 그의 말은 잔잔한 감동을 일으키고 있습니다. 그는 서울의대를 졸업하고 공중보건의로 군복무를 마쳤을 때, 모교와 삼성의료원, 아산병원에서 초빙을 하였지만 거절하고, 아무 연고도 없는 여수로 내려가 나환자들을 품는 애양병원의 원장이 되었습니다.

감염이 두려워 의사들도 꺼리는 곳을 갈 때마다 크리스천으로

서 하나님을 의지하고 두려움을 극복하였다는 그의 말은 우리들의 마음에 큰 감명을 줍니다. 백 마디 말보다 강한 그의 삶은 많은 사람에게 하나님의 영광과 형상을 보여 주었습니다.

아직 이런 크리스천이 있다는 것이 다행스럽고 자랑스러울 뿐입니다.

> 너희는 세상의 빛이라 산 위에 있는 동네가 숨겨지지 못할 것이요 마 5:14

이 한 사람으로 말미암아 우리가 복을 받는다는 생각이 듭니다. 오늘도 주 안에서 승리하시기를. 얍!

68

듣고 싶은 말, 들려주고 싶은 이야기

삶의 활력소

카알 힐티는 스위스의 조용한 휴양지에서 치유를 받아야만 하는 신경쇠약 환자들을 조사한 후, 놀라운 연구 결과를 발표하였습니다. 그들 대부분이 무위도식하는 사람들이었다는 것이었습니다. 하는 일 없이 노는 사람들이 신경쇠약에 걸리다니……. 백수가 과로사한다는 말은 들어 봤어도 무위도식이 신경쇠약이라는 말은 처음입니다.

놀라운 일이 아닐 수 없습니다. 일은 인간의 신경과 근육을 자극하여 정신과 육체의 건강을 유지하는 데 도움을 주지만, 무위도식은 사람을 더 약하게 만드는 것이라고 하였습니다.

로또 당첨만 되면 제일 먼저 하고 싶은 일은 아마도 지금의 일을 때려치우는 일이겠지요. 더 이상 스트레스 없는 곳에서 살고 싶다는 마음 때문에 말이죠. 그런 마음 가지고는 절대로 승리하는 삶을 살 수 없습니다.

> 무슨 일을 하든지 마음을 다하여 주께 하듯 하고 사람에게 하듯 하지 말라 골 3:23

스트레스가 오늘의 활력이 됩니다.
오늘도 성실함으로 주 안에서 승리하시기를. 얍!

69

고뇌의 뿌리

"고민의 깊이는 욕망의 깊이와 같다. 욕망이 많을수록, 그리고 깊을수록 고민과 번민도 많아지고 깊어진다. 욕심을 버리면 평안해지고, 없앨수록 평안해진다. 그러므로 그리스도인들은 고민을 없애려고 노력하는 것보다 욕망을 먼저 없애야 한다."

존 파이퍼의 말입니다.

인간의 고뇌의 뿌리가 욕심에 있는 것을 정확히 본 파이퍼. 소유하지 못해서 안달하기보다, 하나님과 동행하다 보면 필요를 채우시는 주를 보게 될 것이라고 성도들을 권면하였습니다. 주님과의 동행을 인생의 목표로 삼고 나아가다 보면 은혜를 베푸시는 주님을 만나게 된다는 것입니다. 그는 계속해서 세상 염려는 멸망을 이루기 때문에 멀리하고, 그 시간에 회개를 이루는 걱정, 즉 하나님의 뜻대로 하는 염려를 하라고 권하였습니다.

바울도 말합니다.

> 하나님의 뜻대로 하는 근심은 후회할 것이 없는 구원에 이르게 하는 회개를 이루는 것이요 세상 근심은 사망을 이루는 것이니라 고후 7:10

오늘도 하나님 뜻대로 근심하는 하루가 되기를. 얍!

70

심장 이전하기

 소니 그라함, 그는 심장의 판막 이상으로 심장이식 외에는 살 수 있는 길이 없는 사람이었습니다.

 전국에 심장 기증자를 찾던 중 권총으로 자살한 테레이의 심장을 받게 되었습니다. 너무나 감격한 그는 새 생명의 시간을 기쁨으로 보내게 되었고, 테레이의 미망인과 결혼을 하였습니다.

 그런데 시간이 지나면서 그라함의 마음 상태가 테레이와 동일하게 변해 갔습니다. 그는 점점 테레이처럼 말하기 시작하였습니다. 부인도 이러한 사실을 알아차렸습니다.

 테레이의 심장을 가진 그라함은 생각이나 말 그리고 행동까지 비슷해지다가 마침내 권총으로 자신의 생을 마감하였습니다. 어떻게 이런 일이……. 의학자들이 연구에 몰두했습니다. 결론은 장기 기증자의 생각과 행동을 수증자가 보인다는 것이었습니다.

> 내가 예수 그리스도의 심장으로 너희 무리를 얼마나 사모하는지 하나님이 내 증인이시니라 빌 1:8

바울은 예수의 심장을 가졌다고 했습니다.
오늘도 주님의 심장으로 승리하시기를. 얍!

71

걱정… 걱정… 걱정

올해는 유난히도 더웠습니다. 모든 것이 타서 걱정들을 많이 했습니다. 그런데 고온으로 인하여 쌀의 작황이 너무 좋아서 가격이 20% 이상 내릴 것이라고 하는군요. 농민들은 속이 타들어 가지만 어디 말할 곳도 없다는 이야기들이 나오고 있습니다.

"한 번씩 태풍도 오고 홍수도 나고 해야 값이 유지되는데, 농사가 너무 잘 되어서 큰일입니다."

농부의 인터뷰 내용은 많은 것을 시사해 줍니다.

인간 세상은 너무 많아도 너무 없어도, 너무 잘돼도 너무 안돼도 걱정입니다. 잘난 아들은 명절에도 볼 수 없고, 못난 아들은 캥거루처럼 붙어 있어 걱정입니다.

그래도 "없어서 걱정하는 것보다 있어서 걱정하는 것이 낫다"라는 옛말이 있지요. 없어서 끼니 걱정하는 것보다는 있어서 어디에 보관할까 걱정하는 것이 낫다는 말입니다. 흉작으로 걱정하는 것보다는 풍작이 낫습니다.

염려 많은 세상에 사는 우리들에게 주님은 말씀하십니다.

> 아무 것도 염려하지 말고 모든 일에 기도와 간구로, 너희 구할 것을 감사함으로 하나님께 아뢰라, 너희 마음과 생각을 지키시리라 빌 4:6-7 요약

오늘도 걱정 많은 세상에서 하나님께 아룀으로 승리하시기를. 얍!

72

넓은 마음

"인간의 모든 문제는 마음의 문제이다. 마음이 넓은 사람에게는 문제도 문제가 되지 않지만, 마음이 좁은 사람에게는 문제가 되지 않을 사소한 것들도 문제가 된다."

인간의 마음을 평생토록 연구한 팀 라헤이의 말입니다.

문제를 일으키는 사람들, 원망과 불평이 많은 사람들, 인간관계 때문에 힘들어하고 잠 못 이루는 사람들, 가까이 가고 싶지 않은 사람들, 모진 사람들의 공통적인 특징은 마음이 좁다는 것입니다.

그러나 여유가 있는 사람들, 감사와 찬송을 드리는 사람들, 타인을 품고 기도하는 사람들, 웃음이 있는 사람들, 타인에게 선물하기를 좋아하고 베풀기를 좋아하는 사람들의 특징은 하나같이 마음이 넓다는군요.

마음이 넓은 사람은 어디를 가도 기쁨을 전달합니다. 말씀대로 살려면 마음이 넓어야 합니다.

> 주께서 내 마음을 넓히시면 내가 주의 계명들의 길로 달려가리이다 시 119:32

오늘도 마음을 확 넓히시고 승리하시기를. 얍!

73

실수의 대가

술을 마신 후 취기로 헬리콥터 위에 올라가서 이리저리 돌아다니며 장난을 친 세 사람이 불구속 기소가 되고, 21억 원을 물어주게 되었다는 기사가 나왔군요.

헬기의 날개 위에서 편안히 누워 바라본 밤하늘이 얼마나 아름다웠겠습니까? 하지만 야경 구경 값으로는 너무 비싼 것 같습니다. 평생을 수고하여 번 재산이 보험회사의 구상금이 된다니 한 번의 실수치고는 대가가 너무 큽니다.

술을 마시고 사고 친 사람들은 이제 모두 술을 끊을 것입니다. 다시는 마시지 않겠노라고 다짐하겠지만 너무 늦었습니다. 술이 원수가 되어서 결국 소송과 보상에 시달리며 평생을 보낼 것입니다.

술은 인생을 뱀처럼 물 것이라고 하였습니다. 물리면 약도 없습니다. 퍼지는 독으로 인하여 망한다는 말씀입니다. 여기에 나오는 뱀은 '나하스', 곧 '사탄'입니다.

> 포도주는 붉고 잔에서 번쩍이며 순하게 내려가나니 너는 그것을 보지도 말지어다 그것이 마침내 뱀 같이 물 것이요 독사 같이 쏠 것이며 또 네 눈에는 괴이한 것이 보일 것이요 네 마음은 구부러진 말을 할 것이며 잠 23:31-33

현대인에게 사탄(뱀)은 술(알코올)로 다가옵니다.
오늘도 주 안에서 승리하시기를. 얍!

74

아름다운 유언

"내가 죽더라도 그동안 지원하던 고아원의 지원을 끊지 말라."

얼마 전 하나님의 부르심을 받은 구봉서 장로님의 유언이 공개되어 잔잔한 감동을 주고 있습니다. 그의 삶은 아름다웠지만 죽음은 더 아름다웠습니다.

그는 한 시대를 풍미하며 수많은 사람들에게 웃음을 주는 아름다운 일을 담당했으며, 교회와 방송국 신우회를 창립하여 수많은 사람들이 믿음으로 살아갈 수 있도록 도왔습니다. 모두에게 존경받던 그는 마지막 숨을 거두기 전 자녀들에게 유언을 남깁니다. 그것은 주 안에서 살 것과 자신이 지원했던 고아원을 계속 지원할 것, 그리고 부의금을 받지 말 것이었습니다. 그는 마지

막까지 베풀기를 원했던 것입니다. 그의 삶은 참으로 베푸는 삶의 전형이라고 여겨집니다.

선을 행한다고 나팔을 불지 않고 아무도 모르게 했지만, 삶을 마감하는 시점에 공개하고 자녀들이 이를 계승하겠다고 약속하는 모습은 각박한 세상에 오아시스와 같은 시원함을 줍니다. 굳이 빛과 소금이라고 말하지 않아도 어둠에 있는 분들이 그를 통하여 마음에 평안을 얻었으니, 그는 빛입니다.

> 너희는 세상의 빛이라 산 위에 있는 동네가 숨겨지지 못할 것이요 마 5:14

오늘도 주 안에서 빛이 되시기를. 얍!

… 듣고 싶은 말, 들려주고 싶은 이야기 …

기도 시대

사람에게 있어서 없어서는 안 되는 능력 중의 하나가 바로 분별력입니다. 바른 분별력을 가진다는 것은 인생을 살아가는 데 있어서 큰 유익을 줍니다. 특별히 시대를 분별할 수 있는 것은 더 중요합니다.

일제강점기가 독립 운동의 시대였고, 6.25가 자유민주 사회로의 피난 시대였다면, 지금은 기도 시대입니다.

2천 년 전 주님은 말씀하셨습니다. 자신이 재림하기 직전에 처처에 기근과 재난, 전쟁과 혼동이 있을 것이라고 말입니다. 현재 일어나고 있는 지진은 학자마다 약간은 다르지만 빈도로는 이전 세대보다 20배, 강도로는 10배 더 증가하였다는군요. 오죽

했으면 화강암 지반인 우리나라도 흔들리겠습니까?

   세상을 흔드는 지진. 예수를 믿고 기도하며 깨어 있으라는 하나님의 사인(sign)입니다. 그동안 부르지 못하였던 아버지의 이름을 부르라는 사인입니다.

> 이러므로 너희는 장차 올 이 모든 일을 능히 피하고 인자 앞에 서도록 항상 기도하며 깨어 있으라 하시니라
>
> 눅 21:36

오늘도 주 안에서 승리하시기를. 얍!

76

착해 보이는 사람?
진짜 착한 사람!

『착한 사람만큼 나쁜 사람은 없다』 헉……!

제목이 너무 확 와 닿아서 책 한 권을 구매해서 읽고 있는 중입니다. 착하게 살라고 설교하는 저에게 큰 충격을 주는 제목입니다.

먼저 이 책은 심성이 착한 사람과 착해 보이는 사람 그리고 착해 빠진(?) 사람을 나눈 후에 대화를 시작합니다.

그들과 대화 도중 어떤 사람이 "당신은 가난하다. 당신은 무식하다. 당신은 무능하고 별로다"라는 것에 대해 말하거나, 그와 같은 냄새를 풍기면? 착한 사람, 착해 보이는 사람, 착해 빠진 사람은 과연 어떤 반응을 보일까요?

진짜 착한 사람은 수용하고 개선하려고 힘쓴다.

착해 빠진 사람은 아예 그런 말에 신경을 쓰지 않는다.

착해 보이는 사람은 "당신 같은 사람은 내 평생 용서하지 않을 것이라며 대화의 문을 닫고 증오한다. 대놓고 말도 못하면서 이불 속에서 저주한다."

즉, '약함을 착함으로 포장한다' 는군요. 바로 이와 같이 착해 보이는 사람이 실제로는 가장 나쁜 사람이라네요. 우리는 말씀으로 교훈을 받고 변화되는 진짜 착한 사람이 되어야겠습니다.

> 바나바는 착한 사람이요 성령과 믿음이 충만한 사람이라
> 이에 큰 무리가 주께 더하여지더라 행 11:24

오늘도 주 안에서 진짜 착한 사람이 되기를. 얍!

77

질투와 악성댓글

 "사람들은 눈에 띄고 싶어 하며, 유명해 지기를 원한다. 그리고 부요하게 살며, 자기를 알아주기 바란다."

 현대인들의 욕망을 연구한 일본의 철학자 요시미치의 말입니다.

 악성 댓글로 고소당한 사람들을 추적하다 보면, 그들이 평범한 주부, 학생들, 그리고 악의라고는 하나도 보이지 않는 보통 직장인들과 일반인들이라 더 놀란다고 하는군요. 놀라우리만치 평범한 사람들이 익명의 공간에서 악인이 되었다면 그들은 선인인가요? 아니면 악인인가요? 당연히 악인입니다. 선하게 보일 뿐

선과 아무 상관이 없습니다. 그들에게 왜 공격을 하느냐고 물어보니 자기도 미인이나 유명인이 되고 싶은데 되지 못해서 분통이 터져서 그들을 공격하면서 화를 푼다고 하더군요.

성형으로 자연미를 상실하고 무서운 눈으로 변한 사람들의 모습을 보고 있노라면, 때로는 두려운 생각도 듭니다.

머리를 꾸미고 금을 차고 옷을 차려 입는 것으로 겉치장만 하지 말고, 온유하고 정숙한 마음으로 썩지 않는 속사람을 단장하도록 하십시오. 이것이 하나님께서 보시기에 값진 것입니다.

> 너희의 단장은 머리를 꾸미고 금을 차고 아름다운 옷을 입는 외모로 하지 말고 오직 마음에 숨은 사람을 온유하고 안정한 심령의 썩지 아니할 것으로 하라 벧전 3:3-4

오늘도 속사람을 믿음으로 잘 단장하시기를. 얍!

78

악과의 전쟁

"있으니까, 존재하니까, 조심하라!"

요시미치의 말입니다. 우리는 지구상의 모든 인류가 평화롭게 살기를, 그리고 남을 해치지 않는 세상에서 살기를 희망하고 있습니다.

하지만 이런 우리의 기대와는 달리 현실에서는 아무나 죽이고 싶다는 살인범도 있고, 물건을 훔치는 도둑들도 있고, 강도나 강간범들도 있습니다. 악인은 남을 해치지 않으면 잠을 못 잘 정도로 괴로워합니다.

그럼 어떻게 해야 하나요? 먼저는 내가 남을 해치는 사람이 되지 않는 것이 제일 중요하고, 그다음으로는 내가 조심하는 수밖에 없습니다.

마귀도 이미 우리가 이 세상에 태어나기 전부터 존재하고 있습니다. 모든 사람들을 죽음으로, 죄악으로, 열등감으로, 공포로, 불신으로, 몰아가는 악하고 더러운 영입니다.

어떻게 해야 할까요? 전신 갑주를 입고 저를 대적하는 수밖에 없습니다. 가만히 있으면 당합니다. 출근 전 전신 갑주를 한번 점검해 보시죠. 진리의 허리띠, 구원의 투구, 복음의 신발, 믿음의 방패, 성령의 검인 말씀과 기도.

> 끝으로 너희가 주 안에서와 그 힘의 능력으로 강건하여
> 지고 마귀의 간계를 능히 대적하기 위하여 하나님의 전
> 신 갑주를 입으라 엡 6:10-11

오늘도 전신 갑주를 입고 승리하시기를. 얍!

79

웃음의 능력

아브라함 링컨. 1858년 상원의원 선거에서 더글라스로부터 두 얼굴의 사나이라는 비난을 받게 되었습니다. 겉으로는 이러하지만 속으로는 다른 얼굴을 가지고 있는 사람이라는 비난이었습니다. 다음 차례에 연사로 나선 링컨은 역사에 남을 한마디를 하였습니다.

"내가 만약 두 개의 얼굴을 가지고 있다면 오늘 이 자리에 이렇게 못생긴 얼굴을 가지고 왔겠습니까?"

회중석에서 폭소가 터졌고 정적의 공격은 우스운 일이 되고 말았습니다.

존 파이퍼는 말합니다.

"하나님은 어린아이의 웃음을 가진 사람들을 축복한다. 내가 만난 상당수의 유력인사들은 놀라우리만큼 어린아이와 같은 심성을 유지하고 있었다는 것을 부인할 수 없다. 진지함으로 위장된 살벌함은 영혼의 성장을 방해한다."

> 마음의 즐거움은 양약이라도 심령의 근심은 뼈를 마르게 하느니라 잠 17:22

아이와 같은 순진함과 미소로 승리하시기를. 얍!

80

기도는 우리의 힘

우리나라 최초로 연령별 전도회를 직업별로 변경한 대형 교회가 있습니다. 교회가 커지다 보니 연령별로 모이는 것이 어렵게 되자, 직업별로 기도회도 하고 교제도 하게 되었습니다.

그런데 그 직업별 전도회를 담당하는 분의 말에 의하면 통성기도를 가장 크게 하는 그룹은 놀랍게도 의사가 1위, 법조인이 2위, 교사가 3위로 나왔다는군요. 의외로 기도를 많이 할 것으로 추정하였던 직업군의 사람들이 기도를 거의 하지 않아서 더 놀랐다고 합니다.

기도 제목 중에서도 의사들은 아프리카나 소외된 지역의 아동들을 위해서 기도할 때, 법조인들은 나라와 민족의 장래를 위해 기도할 때, 교사들은 이 나라의 청소년을 위해서 기도할 때 공히 눈물을 흘리며 가장 크게 기도한다는군요.

이 나라의 백성들을 인도하는 분들의 기도 소리가 강하다는 것만으로도 민족의 내일은 밝습니다. 다니엘이나 에스더의 기도로 이스라엘이 살았듯이, 우리 신앙인들의 기도로 우리 민족이 살아나기를 기도해 봅니다.

> 다니엘이 이 조서에 왕의 도장이 찍힌 것을 알고도 자기 집에 돌아가서는 윗방에 올라가 예루살렘으로 향한 창문을 열고 전에 하던 대로 하루 세 번씩 무릎을 꿇고 기도하며 그의 하나님께 감사하였더라 단 6:10

오늘도 기도로 하루를 승리하시기를. 얍!

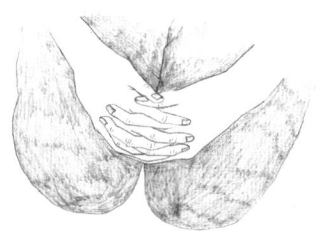

독서의 부유함으로

지난 해 한국인의 생활 습관 통계가 나왔군요.

한국인은 일 년에 330잔의 커피를 마시고, 맥주는 120병, 소주는 90병을 마시고, 스마트 폰은 하루에 세 시간을 한다고 하는군요. 아쉬운 것은 독서를 한 권도 하지 않았다는 것입니다.

진시황이 중국 천하를 통일하고 가장 먼저 한 일은? 분서갱유. 즉 서적을 불태우고 학자들을 묻어서 죽이는 것이었습니다. 진시황 사후 그 찬란했던 진나라는 얼마 후 멸망하였습니다.

진나라 이후 등장한 한나라의 왕 유방은 마상천하(말 위에서 천하를 얻었다)를 주장하며 학문 무용론을 주장하였으나, 그의 신하 육고가 "말 위에서 천하를 얻을 수는 있으나 다스릴 수는 없습니다(마상득지 마상 불치지)"라고 주장하자 그의 말을 받아들여 모든 백성으로 하여금 책을 읽게 하였습니다. 한나라가 중국 왕조를 대표하는 나라가 되는 순간이었습니다.

나라의 백성이 책을 읽지 않으면 그 나라는 망합니다. 젊은 청춘들이 지성과는 무관한 자들의 잡설을 따라 정신이 동요하는 것을 보면 기가 막힙니다. 주의 자녀들이 성경을 읽지 않으면 주의 나라도 망합니다. 시카고 대학이 정한 고전 100선에 마태복음, 전도서, 욥기, 로마서, 고린도전서가 포함되었습니다.

제발 폼 나는 커피로 입맛만 업 시키지 말고, 커피 잔 깨뜨리고 그 돈으로 책을 읽으시기를!

"하루라도 책을 읽지 않으면 입 안에 가시가 돋는다." - 안중근

> 주의 말씀은 내 발에 등이요 내 길에 빛이니이다
> 시 119:105

오늘도 독서의 부유함으로 승리하시기를. 얍!

가까운 사람에게 지고
먼 사람에게 이겨라

"가까운 사람에게 지고 먼 사람에게는 이겨라."

최근 나이 들어서 깨닫게 된 50가지를 기록한 조지 리빙스턴의 이야기가 반향을 일으키고 있습니다. 그중에 하나가 가까운 사람에게는 지고 먼 사람에게는 이겨야 한다는 것입니다. 보통 사람들은 가까운 사람에게 이기고자 싸움을 하고 원수같이 지내는 반면, 먼 사람에게는 관대한 경향을 지닌다고 합니다. 그래서 가장 가까운 부부관계는 항상 냉각되어 있고, 내가 죽든지 살든지 관심도 없는 동료들에게는 지나치게 따뜻해서 좋은 사람이라는 평을 듣는다고 합니다.

하지만, 이런 삶의 방식은 인생을 삭막하게 만드는 가장 어리석은 것이라고 합니다. 매일 가장 가까운 사람들을 한 번 더 돌아보시고, 그들에게 지시기를(?) 바랍니다. 그리고 평안하고 행복하게 사시기를 바랍니다.

> 누구든지 자기 친족 특히 자기 가족을 돌보지 아니하면
> 믿음을 배반한 자요 불신자보다 더 악한 자니라 딤전 5:8

오늘도 가까운 자들을 돌아보며 주 안에서 승리하시기를. 얍!

83

잊히기를 원하십니까?
기억되기를 원하십니까?

어떤 사람이 회사를 퇴직하면 남아 있는 사람들이 자기의 남긴 위대한 업적을 기억할 것이라고 기대하였습니다. 평생을 몸 바쳐 충성을 다하였으니 오랫동안 자기를 칭송할 것이라고 믿었던 것이죠. 하지만 기대는 완전히 빗나가고 말았습니다. 다른 동료들이 그 사람이 퇴사하고 나니 이제야 일 할 맛이 난다고 한다는 이야기를 듣게 되었던 것입니다. 칭송은커녕 능력 없는 사람이 너무 오래 회사에 눌러앉아 골치였다는 말들을 하는 것을 알게 되었습니다.

나의 생각과 남의 생각은 다릅니다. 위대한 사람들은 잊히기를 원하고, 별 볼일 없는 사람들이 기억되기를 원하는 것 같습니다. 한때 방송을 주름잡던 연예인이 사람들에게 잊히는 것을 견디지 못하여 우울증을 앓는다는 안타까운 이야기를 듣습니다.

하나님의 사람 모세는 자신의 사후 사람들이 자기의 묘를 찾아와서 숭배를 할까봐 묻힌 곳을 비밀로 하였습니다. 칼빈도 평토장을 하고 잊히길 기대하였습니다.

사람들이 기억해 주지 않아도 너무 슬퍼할 필요가 없습니다. 우리의 삶 전체를 기억하시는 주님이 계시니까요.

> 나는 선한 싸움을 싸우고 나의 달려갈 길을 마치고 믿음을 지켰으니 이제 후로는 나를 위하여 의의 면류관이 예비되었으므로 딤후 4:7-8

오늘도 믿음을 지키는 선한 삶을 사시기를. 얍!

자기 감옥

 고든 리빙스턴이 말한 '나이가 들어서 깨닫게 되는 것들'을 살펴보면 가장 견고한 감옥은 알고 보면 내가 만들고 있다는 것, 그리고 삶은 항상 예상과는 다르게 진행된다는 것, 계획을 세우지 않으면 시간과 재정의 낭비가 심하고 계획을 세우면 계획대로 안 되는 것, 그것이 인생이라는 것입니다. 그리고 인간이 만들어 내는 가장 치명적인 자폭 무기는 바로 두려움. 이 두려움 때문에 변명을 양산하고, 행동하지 않으려고 한다는 것이 그가 깨달은 진리입니다. 자기 스스로 만든 감옥을 깨고 나옴으로써 인간은 새로운 삶을 살 수 있다고 합니다.

후세인(이라크)만 없으면, 무바라크(이집트)만 없으면, 알사다드와 가다피(시리아)만 없으면 행복할 것이라고 믿고, 사람들이 그들을 제거했습니다. 하지만 예상과는 달리 지금 이 나라들은 거의 무정부 상태인 나라도 있고, IS들이 나타나 대국민 테러를 자행하는 나라도 있습니다. 국민들의 삶은 예상과 달리 더 피폐해지고 있습니다.

> 사람이 마음으로 자기의 길을 계획할지라도 그의 걸음을 인도하시는 이는 여호와시니라 잠 16:9

오늘도 주의 인도를 따라서 믿음으로 살아가시기를. 얍!

85

세상은 돌아간다

고든 리빙스턴은 나이가 든 후에 깨닫게 되는 진실이 있다고 말했습니다. 그것은 "내가 없어도 세상은 잘 돌아간다"라는 것입니다.

얼마 전 인터넷이 고장이 나서 수리를 요청했습니다. 기사분이 3분 만에 고치고 나오면서 하시는 말이 너무 진지하더군요.

"TV에 연결된 셋톱박스 전원을 끄지 마세요. 여기서 인터넷으로 전파와 회선을 쏴 줍니다."

셋톱의 전원이 꺼지지 않도록 장치를 해 두었는데, TV시청을 장기간 하지 않으면 자동으로 전원이 차단된다고 하였습니다.

그러고 보니 한동안 TV를 보지 않았음을 알았습니다. 이런저런 일로 TV를 못 보았는데, 여전히 세상은 잘 돌아가고 있었습니다.

그렇지요. 사람들은 내가 없으면 뭐가 난리가 날 것같이 생각하지만, 실은 내가 없어도 세상은 잘 돌아갑니다. 아니 나서지 않는 것이 더 나을 수도 있습니다.

> 아무 일에든지 다툼이나 허영으로 하지 말고 오직 겸손한 마음으로 각각 자기보다 남을 낫게 여기고 각각 자기 일을 돌볼뿐더러 또한 각각 다른 사람들의 일을 돌보아 나의 기쁨을 충만하게 하라 빌 2:3-4

마음에 허영기 쫙 빼시고 겸손하게 오늘도 승리하시기를. 얍!

86

우유부단

　재독 철학자 현병철 교수가 우울증의 원인을 철학적으로 규명하여 학계에서 큰 관심을 보이고 있습니다.
　그가 파악한 원인은 바로 현대인들의 우유부단함과 결단력의 결핍이 결국 안정된 자아상을 무너뜨리고 사람을 우울증으로 몰아간다고 하는군요. 특히 끝내지 못하는 우유부단함은 나를 죽이고 너를 죽이고 주변의 모든 사람을 죽인다고 합니다. 완결의 능력을 상실하였기 때문에 우유부단하게 하다가 모든 사람을 더 큰 아픔으로 몰아가고 결국은 자기도 죽는다고 하는군요. 완결할 줄 모르면 마음을 어지럽혀 깊은 병을 얻게 합니다.

"끝낼 줄 모르기 때문에 인생은 수렁으로 갑니다."

오늘 한번에 확 끝내버리시기를, 나 싫다고 떠난 사람 마음속에서 완전히 삭제하세요. 마음의 휴지통으로 이동시키세요. 그리고 삭제 버튼을! 그리고 승리하시기를!

주님은 십자가 앞에서 완결을 선언하셨습니다.

  다 이루었다 요 19:30

주님 안에서 모든 것을 잊고 승리하시기를. 얍!

동업자

얼마 전 증권회사에 다니는 친구를 만날 기회가 있었습니다. 이런저런 이야기를 하다가 한 가지 질문을 하였습니다. 주변에 주식해서 망하는 사람들이 그렇게도 많은데 너희 회사는 망하지 않느냐?

그 친구의 대답이 재미있습니다. 통상적으로 수억 원이 들어 있는 계좌가 깡통계좌가 되는 데는 2년 반 정도의 시간이 걸린다고 합니다. 그리고 그 계좌가 깡통이 되는 동안 새로운 고객들이 모두 워렌 버핏이 되겠다고 유입되기 때문에 망하지 않는다는 것입니다.

그럼 막아야 되는 것 아니냐고 묻자 그 친구는 내가 어떻게 꿈꾸는 자들의 꿈을 막을 수 있겠냐며 돈을 좀 날려야 인간도 되고, 겸손해서 교회도 다니게 되고, 기도도 하게 되니 사실 우리가 신앙생활에 가장 큰 유익을 주는 집단이라고 하였습니다.

"탕자가 왜 아버지 집에 돌아온 줄 아냐? 돈을 다 날렸기 때문이다." 친구도 나름대로의 개똥철학을 가지고 있었습니다.

"다 날리게 해서 교회로 보낼 테니 너는 목회나 열심히 해라." 알고 보니 그 친구와 저는 동업 관계였습니다.

> 충성된 자는 복이 많아도 속히 부하고자 하는 자는 형벌을 면하지 못하리라 잠 28:20

오늘도 충성되게, 너무 빨리 부하고자는 마음을 버리고 모두 자기 직무 분야에서 최고의 고수가 되시기를. 얍!

88

숨겨진 아름다움

무화가 열매는 모양이 좋지 않은 것으로 알려진 열매 중 하나이지만 이스라엘은 이 무화과를 국화로 지정하고 있으며 무화과 축제도 자주 열고 있습니다.

아이들을 위한 교육도 무화과를 중심으로 한다고 합니다. 사람들을 유익하게만 할 수 있다면 모양은 상관없다. 즉, 못생겨도 사람들의 몸을 이롭게 할 수만 있다면 상관없다고 가르칩니다.

무화과 나무가 되라!
꽃처럼 향기로운 인생이 아니어도,

사과처럼 매끈한 모습이 아니어도,
무성한 잎으로 남지 말고,
못 먹는 꽃으로 남지 말고,
사람들을 유익하게 하는 무화과로 멋진 인생을 살라.

가르치는 내용이 철학적이고 깊이가 있는 것 같습니다. 예수님도 사람을 나무라고 자주 말씀하셨습니다. 그리고 그 나무들은 열매로 알 수 있다고 하셨습니다.

> 좋은 나무가 나쁜 열매를 맺을 수 없고 못된 나무가 아름다운 열매를 맺을 수 없느니라 마 7:18

오늘도 좋은 열매 가득한 하루가 되시기를. 얍!

89

우연은 없다

"우연인 것처럼 보이지만 세상사에서 우연인 것은 거의 없다."

롭 교수의 말입니다. 노인의학 전문의인 그는 그의 인터뷰에서 다음과 같이 말했습니다.

"나이가 들어서 보니 사람들은 모든 것을 우연으로 돌리려는 경향이 강하고 우연을 핑계 삼기를 좋아하지만, 자세히 관찰해 보면 우연인 것은 거의 없고 우연처럼 보이는 일들도 다 하나님의 섭리라고 할 수 있습니다. 특히 조용히 복을 받으며 살다가 우연히 자는 듯이 가는 사람들의 경우는 특별한 믿음이나 충성으로 산 사람이라고 할 수 있습니다."

우리 모두 젊어서부터 충성해야 합니다. 그리고 우연처럼 보이는 축복을 받아야겠습니다.

> 여호와를 경외하며 그의 길을 걷는 자마다 복이 있도다
> 시 128:1

오늘도 여호와를 경외하며 충성함으로 축복받는 하루가 되기를. 얍!

헬리콥터 맘

"사랑에도 일정한 거리와 여유가 필요합니다. 너무 친밀하게 계속해서 붙어 있으려고 하면, 이웃은 도망가고 맙니다."

유대인의 지혜서에서 나오는 말입니다.

'헬리콥터 맘'은 자녀들의 주변을 맴맴 돌며 감시하고 조정하는 엄마들을 일컫는 말입니다. 어떻게든 자녀들의 주변을 감시하고자 노력하다가 요즘에는 친구를 사칭하여 페이스북이나 사회관계망에 접근을 한다는군요. 그럼 아이들은 눈치를 채고 신속히 페이스북을 탈퇴하고 인스타그램으로 이민을 가는 진풍경이 벌어지기도 한다고 합니다.

짝사랑하는 사람이 안쓰러운 것처럼 자녀에게 매달리는 부모는 안쓰럽기도 하고 민망하기도 합니다. 이웃과의 대화 중 갑자기 자녀의 이름을 부르면서 모든 관심을 자기 자녀에게로 모는 분들이 헬리콥터 맘 고위험군이라는군요.

농부는 씨를 뿌리고 필요할 때만 채소에게 물을 주지만, 초보 농부는 필요 없는 물을 계속 주다가 결국은 아무것도 건지지 못하게 된다는군요. 자녀들과 적당한 거리를 잘 유지하시고 여유 있는 삶을 사시기를.

> 또 아비들아 너희 자녀를 노엽게 하지 말고 오직 주의 교훈과 훈계로 양육하라 엡 6:4

오늘도 자녀들과 적당한 거리를 잘 유지하시고 승리하시기를. 얍!

91

이 길이 아니라면

"때로 인생은 원하지 않는 방향으로 가지만, 바른길로 간다."
콘돌리자 라이스 전 미국 국무 장관의 말입니다.

그녀는 어려서부터 피아노를 매우 좋아했습니다. 피아노 연주를 듣고 사람들이 박수를 치는 것에 매료되어 그 앞을 떠나지 못하였습니다. 그러던 어느 날, 자기 또래의 한 다른 아이가 피아노를 치는 모습을 보고 그날로 피아노를 접었다고 합니다. 그 친구의 솜씨를 보는 동안 '이것은 내가 할 일이 아니구나' 라고 느껴져 자기의 생각을 빠르게 정리했다고 합니다. 그동안 자기를 칭찬한 사람들은 피아노를 모르거나 아니면 그냥 한 말이라는 사실을 알게 된 것입니다.

그녀는 이런저런 고민을 접고 자기가 잘하는 일에 전념하여 국무장관이 되었습니다. 요즘 그녀의 전기를 읽고 있는데 사소하면서도 감동적인 이야기가 많습니다.

"스스로 깨닫지 못하였다면 나의 주변 사람을 다 힘들게 했을 것"이라는 그녀의 말은 여러 가지를 시사해 줍니다. 또한 그녀는 "달란트도 없는 것을 하는 동안 부모 형제 친척 모두를 수렁으로 끌고갈 뻔하였다"라고 회고합니다.

> 너희는 스스로 돌이키고 살지니라 겔 18:32

사람은 스스로 깨달을 때가 제일 멋있습니다.
오늘도 멋진 하루가 되시기를. 얍!

92

천재와 둔재의 차이

"천재는 내일을 준비하고, 보통 사람은 현재에만 살며, 둔재는 과거에 매인 상태로 산다."

유대인의 속담입니다. 천재는 미래를 고민하고 준비하여 목표에 가까이 다가가는 사람이 된다고 합니다. 보통 사람들은 현재의 감각이 지시하는 대로 먹고 마시며 노는 것에 집중하여 살다 보니 충동적인 사람이 된다고 합니다. 둔재는 과거의 말이나 사건에 얽매여 사니 복수의 사람이 된다고 합니다.

압살롬은 누이를 강간한 암논을 제거하였지만, 자기 자신 또한 죽음을 당하였기에 유대인들은 그를 둔재의 전형이라고 이야기합니다. 과거에 얽매이는 사람은 백미러만을 보고 운전하는 것과 같습니다. 그것은 곧 사고를 예견하게 됩니다. 백미러는 필요할 때 한 번씩 힐끔 보면 되는 것입니다.

> 땅에 작고도 가장 지혜로운 것 넷이 있나니 곧 힘이 없는 종류로되 먹을 것을 여름에 준비하는 개미와
>
> 잠 30:24-25

오늘도 과거의 망령을 떨쳐내고, 주님이 주신 귀한 시간들을 내일을 준비하는 데 사용하시기를. 얍!

93

세상 일이란 게

새 박사로 알려진 윤무부 교수. 얼마 전 5개의 나라를 날아다니는 철새를 살피려다가 뇌졸중으로 쓰러져서 많은 분들이 걱정을 하였습니다. 이분의 좌우명이 참 멋있습니다.

"탓하지 말고 그러려니 생각하고 사는 날까지 삽시다."

한 아버지가 5년 동안 자신을 찾지 않은 아들을 대상으로 10억 원대의 손해배상 소송을 내어 화제가 된 일이 있습니다. 5년 동안 찾지도 않을뿐더러 찾아가도 도망을 가니 분노를 참지 못하고 소송을 제기해서 아들과 법정에서 만났다는군요.

아들은 아버지와 이야기하게 해 달라고 요청을 하고 그간의 자초지종을 말하였습니다. 5년 전 회사에서 구조조정을 당하여 실직을 하였는데, 그것을 아버지에게 말하면 아버지가 수능 떨어졌을 때처럼 욕하며 구박할까 봐 피해 다녔다는군요.

결국, 아들이 찾아뵙지 못했던 5년 치 생일선물을 사주는 것으로 소송은 종료되었습니다.

> 송사에서는 먼저 온 사람의 말이 바른 것 같으나 그의 상대자가 와서 밝히느니라 잠 18:17

사람의 말은 다 일리가 있습니다.
그러려니 하고 살아가다 보면 좋은 날이 올 것입니다.
오늘도 주 안에서 승리. 얍!

94

세상을 이긴 믿음

"세상아 오라! 내가 간다! 나는 너 따위는 두렵지 않다. 아무리 힘든 오늘이라도 반드시 이긴다."

리차드 범브란트 목사님의 말씀입니다.

루마니아가 공산화될 때 온갖 고문과 박해에도 굴하지 않던 범브란트. 약 7년 동안 감옥에서 매를 맞고 버티는 과정이 반복이 되었습니다. 7년이 지난 어느 날 휴가를 받아서 집으로 가는 길에 공산당들이 자신들의 교리를 교육하면서 신은 죽었다고 조롱하는 소리를 들었습니다. 그때 범브란트는 무슨 소리하느냐고 하나님은 살아계신다고 외쳤습니다.

화가 난 공산당원이 그의 멱살을 잡고 협박을 하였습니다. 얼마 후 그 공산당원은 돌아가는 길에 트럭에 받혀서 죽습니다. 이후 그에게 매질을 하거나 욕설을 하는 모든 사람에게 불행한 일들이 생겼습니다. 그들은 하는 수 없이 그를 미국으로 데려갈 것을 요청하였습니다. 그는 자유의 몸이 되었습니다.

> 세상을 이기는 승리는 이것이니 우리의 믿음이니라
> 요일 5:4

믿음은 세상을 이깁니다.
오늘도 세상을 두려워하지 마시고 승리하시기를. 얍!

95

버리는 삶

"나를 버리고 신뢰를 배우며 기쁨을 주고 받으라."

하버드 대학의 미학 교수였던 스탠리 카벨(Stanley Cavel) 교수의 말입니다.

미학을 전공했던 그는 삶이 아름다운 사람과 그렇지 못한 사람들에게서 한 가지 중요한 차이점이 있다는 것을 발견합니다. 그것은 바로 자기를 버리는 것, 즉 나를 버리고 자기 십자가를 지는 사람들은 그 삶도 아름답다는 것입니다. 하지만 반대로 오직 나만을 역사의 중심으로 두고 기분 나쁘게 한 모든 사람을 적으로 여기는 사람들의 삶은 불행하다는 것을 알게 되었습니다.

자아는 마치 그림자처럼 잡으려고 하면 할수록 잡을 수 없는 고통을 주고, 버릴수록 따라와서 기쁨을 준다고 하네요. 휙 버려 놓으면 슬그머니 따라다니면서 복을 준다고 하네요.

'나는 아무것도 아니다'는 만인을 살릴 수 있는 길입니다. 아니 나를 살리는 길입니다.

> 내가 그리스도와 함께 십자가에 못 박혔나니 그런즉 이제는 내가 사는 것이 아니요 오직 내 안에 그리스도께서 사시는 것이라 갈 2:20

오늘도 나를 버리고 주를 따라 헌신하는 하루가 되기를. 얍!

96

인생의 전쟁터

"지금 우리에게 필요한 것은 자기 부양(self-boosting)이다."
하버드의 철학자 폴 틸리히의 말입니다.

"자기계발이나 자기긍정 정도로는 이 시대를 살아갈 수 없다. 자기를 부양시켜야만 살 수 있다."

세계대전 당시 군목으로 전쟁에 참여했던 그는 전쟁의 참상을 목도하였습니다. 그는 서로를 죽고 죽이는 피비린내가 진동하는 전장의 한 가운데 서 있었던 것입니다. 하지만 그는 전역 후에도 온 세상이 전쟁터라는 것을 느꼈습니다. 그래서 세상은 속임과 음모가 가득한 전쟁과 같은 실존의 현장이며, 정신 차리지 않고는 살 수 없다는 것을 전하였습니다. 그의 강의를 듣고자 하버드 대학의 채플실은 빈 자리가 없었습니다.

"인간은 자기 스스로를 일으켜 세우지 않으면 그 누구도 나를 세워줄 수 없는 한계 상황 속에서 산다. 인간의 상황이 무너질 때 인간은 거기서 살아 계신 주님을 만날 수 있다."

> 예수께서 이르시되 할 수 있거든이 무슨 말이냐 믿는 자에게는 능히 하지 못할 일이 없느니라 하시니 막 9:23

오늘 하루도 인생의 전쟁터에서 붙들어 주시는 주님으로 승리하시기를. 얍!

마음과 건강

최근 들어 마음이 육신에게 영향을 미치는 전달체계에 대한 연구가 매우 빠르게 진행되고 있습니다. 마음은 보이지 않지만 육신의 생명에 치명적인 영향을 미치며, 뇌의 송과선이 이 전달체계의 중심이라고 보고되고 있습니다.

한 사람이 화가 났을 때 뿜어내는 호흡을 수집하고 응결하여 주사액을 만들어 쥐에게 주입하였더니 쥐가 즉사하는 일이 일어났다는군요. 하지만 평안한 상태에서 받은 호흡을 주입하였을 때는 아무런 일이 일어나지 않았다고 합니다.

연구원들이 하는 말이 이 정도 치명적인 독이 나온다면 쥐뿐만 아니라 호흡을 하는 사람들의 건강에도 악영향을 미칠 것이라고 하였습니다.

우리가 하는 말이 "열 받지 않고 살 수 있나?" 인데……

그래도 마음은 평안하게 유지되어야 합니다.

> 평온한 마음은 육신의 생명이나 시기는 뼈를 썩게 하느니라 잠 14:30

오늘도 주님이 주시는 평안으로 승리하시기를. 얍!

98

선포의 힘

요나단 에드워드가 남긴 일기장에 이런 말이 있습니다.

"절대로 염려하지 마라. 염려가 올 때마다 나는 속고 있다고 선포하며 주께 더욱 기도한다. 그리고 내 마음을 쳐 복종시키며 절대로 염려하지 않을 것을 결심한다. '주여 제 마음을 지켜 주소서.'"

기독교 역사에서 기도에다가 선포를 붙여서 가장 많이 사용한 사람은 에드워드입니다. 예일대학교의 총장으로 봉직하면서 많은 사람들을 바른길로 인도하였습니다.

"오늘도 하나님의 불가항력적이고도 폭발적인 은혜가 나의 인생을 인도할 것이다. 오늘도 염려를 넘어서는 하나님의 호의가 내 생애에 나타날 것이다. 오늘 나는 주의 넘치는 은혜를 볼 것이다"라고 항상 선언하던 그에게 하나님은 넘치는 은혜를 주셨습니다.

> 사람이 마음으로 믿어 의에 이르고 입으로 시인하여 구원에 이르느니라 롬 10:10

오늘도 믿음의 고백 속에 은혜의 풍성함을 경험하시기를. 얍!

99

말의 능력

"입으로 자신의 능력을 제한하지 말라. 제한하는 말을 하는 순간, 능력은 무한히 제한되는 방향으로 인생을 작동시킨다."

말의 중요함을 다루는 유대인의 속담입니다.

말로 자신의 능력이나 미래를 제한하는 사람은 언젠가는 반드시 그 말로 인하여 복수를 당한다고 가르칩니다. 그래서 유대인들은 오랫동안 죽고 사는 것이 혀의 권세에 있다는 성경 말씀을 깊이 연구해 왔습니다.

하이데거는 "언어는 존재의 집"이라고 했습니다. 즉, 사람은 자기가 만든 말의 집에 들어가서 산다는 말입니다. 하이데거는 자기의 주변 사람들의 삶이 말한 대로 이루어지는 것을 본 후에 이와 같이 언어의 능력을 정의하였습니다.

"못할 것 같아"라는 말이 나오면 하지 말라고 합니다. 못하는 것이 아니라 말이 이미 실패했기 때문에 더 하는 것은 의미가 없다고 합니다.

> 죽고 사는 것이 혀의 힘에 달렸나니 혀를 쓰기 좋아하는 자는 혀의 열매를 먹으리라 잠 18:21

"주를 앙망하면 새 힘을 주시리라! 새로운 은혜와 축복을 주시리라"고 선언하시기를.

오늘도 주의 은혜로 승리. 얍!

100

그 입 다물라!

할 말을 참지 못할 때 인생의 불행은 시작됩니다.

한 시어머니가 장가를 간 아들의 야윈 모습을 보고 며느리에게 한마디 하였습니다.

"애야! 우리 아들 얼굴이 왜 이 모양이니?"

이후 며느리는 식사 때마다 남편에게 잔소리합니다. 왜 밥을 제대로 먹지 않아서 나를 곤혹스럽게 만드냐? 나를 나쁜 사람 만들기 싫으면 빨리 많이 먹으라고 채근을 하면서부터 부부 관계에 금이 가기 시작하였습니다. 결국, 아들은 엄마를 멀리하고 엄마 앞에 나타나기를 두려워하게 되었습니다.

그래서 유대인들은 말합니다. 할 말을 참지 못하면 여러 사람의 불행이 시작되고 최종적으로는 네가 불행해진다고 말입니다. 마음에 담아 두고 기도하는 것이 말로 표현하여 망하게 하는 것보다 더 낫다고 합니다.

> 세상에 금도 있고 진주도 많거니와 지혜로운 입술이 더욱 귀한 보배니라 잠 20:15

오늘도 금보다 더 귀한 입술이 되시기를. 얍!

오늘이 우리에게 주는 의미

오늘은 두 개의 날이다.
과거를 정리하는 날이고
미래를 준비하는 날이다.

이 날을 통해서 과거는 과거로 가고
미래는 점점 현실이 된다.

오늘을 통하여 미래는 과거의 시간으로 들어가고
오늘을 통하여 과거의 시간은 미래의 시간으로 흐른다.

오늘 의미 있는 시간은 짧게 느껴질 것이고
공허한 시간은 길게 느껴질 것이다.

하지만 시간이 흐르면
의미 있는 시간은 긴 여운을 남길 것이고
공허한 시간은 허무로 느껴질 것이다.

오늘 변하면
내일은 변한다.

과거를 바꿀 수 없지만
미래는 오늘을 통하여 바꿀 수 있다.

듣고 싶은
들려주고 말,
싶은 이야기

듣고 싶은 말, 들려주고 싶은 이야기

초판 인쇄	2017년 04월 24일
초판 발행	2017년 05월 01일
지은이	김진현
발행인	장사경
기획	박상민
편집디자인	박소린

발행처 Grace 은혜출판사 (Grace Publisher)

등록번호 제 1-618호
등록일자 1988년 1월 7일

주소 서울특별시 종로구 종로 65길 12-10
전화 (02) 744-4029 **팩스** 744-6578
홈페이지 www.okgp.com

ISBN 978-89-7917-988-0   03230
ⓒ 2017 Grace Publisher, Printed in Korea

이 출판물은 저작권법에 의해 보호를 받는 저작물이므로 무단 전재와 무단 복제를 할 수 없습니다.

「이 도서의 국립중앙도서관 출판예정도서목록(CIP)은 서지정보유통지원시스템 홈페이지
(http://seoji.nl.go.kr)와 국가자료공동목록시스템(http://www.nl.go.kr/kolisnet)에서 이용하실 수
있습니다.(CIP제어번호: CIP2017008966)」